우리 집이 숲이 된다면

미세먼지 걱정 없는 에코 플랜테리어 북

우리 집이 숲이 된다면

정재경(모던마더) 지음

알에이치코리아

들어가며

반려식물 200그루,
온실 같은 집

포털 사이트 일기 예보에 미세먼지가 '보통'이라고 떴던 어느 봄밤, '덥네' 하고 무심결에 창문을 모두 열고 잠이 들었습니다. 공기가 거슬거슬한 느낌이었는데, 기분 탓이겠지 생각하면서요. 자다가 가슴이 답답해서 숨을 크게 들이마셨는데 호흡이 매끄럽지 않아 잠에서 깼어요. 숨을 몰아쉬다가 갑자기 깼을 땐 정말 무서웠어요. 그 공포가 미세먼지와 초미세먼지, 실내공기에 대해 공부하는 계기가 되었습니다.

저와 아들은 호흡기가 약해서 미세먼지가 많은 날을 금방 알 수 있어요. 잔병치레 없이 건강하게 자란 아들이 새빨간 코피를 흘리는 날은 뿌연 공기 속에서 운동했던 날이었어요. 그런 날 열심히 일하고 집에 돌아온 저 역시 초저녁부터 쓰러지듯 잠이 들었습니다. 폐가 자리 잡은 등 뒤쪽이 뻐근하게 당기는 것 같은 불편함을 느끼면서요. 저희가 유난스러운 걸까요? 남들에 비해 호흡기와 폐가 약하고 더 예민하기 때문일 거예요.

그렇지만 미세먼지는 바이러스처럼 면역을 강화한다고 해서 이겨낼 수 있는 성질의 문제가 아닙니다. 미세먼지가 배기가스나 담배 연기 같은 유해물질이라는 인식을 가져야 해요. 저는 미세먼지가 심한 날엔 꼭 마스크를 쓰고 외출하고, 창문을 닫고 실내에서 생활했어요. 미세먼지가 극심한 날에는 아예 밖에 나가지 않았습니다. 그렇게 하니 코피가 나거나 등이 뻐근해지는 일도 줄었습니다. 소나기가 퍼부을 때 처마 아래로 피하는 것처럼, 미세먼지가 심할 때는 실내로 피해 다닌 셈이죠.

공기가 나쁠 때 벌어지는 불편함을 온몸으로 느끼다 보니, 숨을 깊게 들이마시고 내쉴 수 있는 산소 탱크를 갖고 싶었습니다. 조금 더 욕심을 부리자면 집에서도 산의 향기, 나무 내음을 품은 신선한 공기를 실컷 들이마시고 싶었지요. 마침 주택으로 이사하게 된 터라, 식물이 가득한 '숲' 같은 집을 만들겠다는 목표로 부지런히 식물들을 키웠습니다. 처음엔 크고 작은 식물 50여 가지로 시작했지만, 이사 후 1년 남짓이 된 지금은 식물 화분이 200여

개 됩니다.

온실처럼 집 안에 식물이 가득해지니, 외부의 초미세먼지 농도가 $50\,\mu g/m^3$일 때도 실내공기는 $5\,\mu g/m^3$ 정도에 불과해 신선한 공기를 즐길 수 있게 되었어요. 또 청소를 매일 하지 않아도 먼지가 거의 보이지 않게 되었죠. 어디 그뿐일까요? 건조한 겨울에도 가습기가 따로 필요 없고, 식물의 싱그러운 초록색이 심리적 안정감을 가져다주어 평정심을 유지하는 데도 도움이 됩니다. 이처럼 효과를 피부로 느끼다 보니 자연스럽게 실내에서 키울 수 있는 식물을 더 찾게 되고, 이들을 예쁘게 잘 관리하는 방법에 더욱 관심을 두게 되었습니다.

화분이 200개라니, 정말 큰 비용이 들었겠다고요? 화분을 모두 새로 마련했다면 그랬겠지만 원래 사무실과 집에 있던 화분들을 모아 새롭게 자리를 찾아 주고, 2, 3천 원짜리 포트들을 사다 키우니 생각보다 비용이 많이 들지 않았어요. 1년 동안 200개로 늘어난 화분과 포트와 흙, 영양제 등에 쓴 비용을 모두 합쳐도 200만 원이 되지 않을 것 같아요. 무엇보다 외부 초미세먼지 농도가 $200\,\mu g/m^3$를 넘나들어도, 늘 측정기 수치 한 자리를 유지하는 실내공기 속에 살다 보면, 이 정도의 비용은 아깝지 않아요. 화초를 돌본 노력이 보람되고 뿌듯합니다.

1980년 미 항공우주국NASA은 실험을 통해 식물의 공기정화 능력을 과학적으로 입증하고 실내 공기정화에 탁월한 식물, 즉 에코 플랜트Eco-friendly House Plant를 공개했습니다. 에코 플랜트는 실내의 온도와 습도, 빛, 공기 움직임을 조절해서 환경을 쾌적하게 만들어요. 유해가스를 흡수해 공기를 맑게 만들고, 음이온을 배출해 미세먼지와 악취 등의 오염물질을 중화하며, 전자파와 오존을 흡수합니다. 인체 신진대사를 도와서 심신에 활력을 주기도 하지요. 뇌의 알파파를 증가시키고, 혈압을 떨어뜨리며, 스트레스와 피로 해소, 집중력 향상에도 기여해요. 그뿐이 아닙니다.

식물은 살아 있기에 증식하고 번식하며, 지속해서 산소를 뿜어줍니다. 이렇게 함께 성장하니 지루하거나 싫증 날 틈이 없어요. 화분에 물을 주고 잎을 따 주다 보면, 예상치 못한 다이어트 효과도 있답니다. 얼마 전 집에 방문한 친구는, 식물이 더 많아진 것 같다고 절 보고 욕심쟁이라고 했어요. 하지만 실제 식물의 수가 는 것이 아니라, 식물들이 잘 자라 덩치가 커지면서 더욱 풍성해진 것이었지요. 제가 이들을 잘 모시고 사는 덕분인지, 공간에 잘 적응한 것 같아요.

공기에 산소가 풍부하면 인체 내 산소 포화도가 올라가 인간의 생산성이 20% 가까이 향상된다고 해요. 또 실내 환기를 자주 할 필요가 없어지니 건물의 에너지 소모도 15%나 줄어듭니다. 〈생태발자국 아틀라스〉에 따르면, 2007년 생태발자국(사람이 지구에서 사는 동안 자연에 남기게 되는 영향을 땅의 면적으로 환산한 수치)은 1.5Ha라고 해요. 이는 지구가 견뎌낼 수 있는 한계를 50%나 초과한 수치입니다. 그러니 사람이 자연과 더불어 살 수 있는 지속 가능한 방법을 찾아 일상생활로 끌어와야 하지 않을까요?

식물을 키우고 싶은데 화분 놓을 데가 없어 키우지 못한다고요? 집이 작으면 작은 식물로 가득 채우면 됩니다. 오히려 사이즈가 작은 방일수록 식물의 긍정적 효과를 빨리 느낄 수 있어요. 제가 책을 쓰기 시작한 이유도 더 많은 이들과 지속 가능한 실내공기를 만들고, 식물이 주는 긍정적인 효과 3종 세트, 즉 공기 정화, 마음 치유, 심미적 만족감을 더욱 널리 공유하고 싶기 때문이에요.

단단하고 싱싱한 에너지를 뿜어내는 식물이 가득한 공간. 저는 나무와 넝쿨로 가득한 정글 같은 집이 될 때까지 식물을 더 잘 키우고 늘려갈 생각이에요. 신선한 공기로 몸과 마음이 건강해지는 강력한 효과를 공감각적으로 체험하고 있거든요. 지속 가능한 식물 산소 탱크 만들기 프로젝트, 저와 함께 시작해 보실래요?

유리 중정이 경쾌함을 더해 주는 거실 전경이에요.

거실에는 채도 높은 컬러의 소품과 초록색 식물이 가득해요.

좋아하는 김은미 작가의 그림과 식물로 가득 찬 공간은 싱싱한 에너지를 뿜어냅니다.

contents

들어가며_ 반려식물 200그루, 온실 같은 집 5

1장 / 마음껏 숨 쉬고 싶어요 18

- 01 미세먼지가 뒤흔든 일상
- 02 식물과 동거·동락하는 삶
- 03 솟아나는 새잎, 차오르는 에너지
- 04 추억이 되살아나는 나의 첫 정원
- 05 우리 집에 어울리는 식물을 찾아요
- 06 식물 킬러, 어둠의 손들에게

2장 / 숲속같이 아름다운 플랜테리어 76

- 07 감각 있는 화분 스타일링
- 08 공간에 어울리는 식물 배치하기
- 09 식물이 살려낸 죽은 공간들
- 10 같은 값이면 다홍 화분
- 11 자신이 없다면 물 꽂이부터
- 12 사랑받은 식물은 반짝거려요
- 13 초보들이 범하기 쉬운 실수들

3장 / 나를 숨 쉬게 한 반려식물들 142

- 14 식물계의 백조, 스파티필룸
- 15 키우는 재미를 알려 준 스킨답서스
- 16 색상 대비가 훌륭한 산호수
- 17 디퓨저가 필요 없는 향기 뿜뿜 삼총사
- 18 식물계의 셀레브리티, 쑥쑥 나무 삼총사
- 19 시간이 필요한 나의 나무들

4장 따뜻하게, 싱싱하게, 오래도록 194

20 거기에 너 있었구나
21 우리 집에 왔으면 잘 커야지
22 봄철 분갈이와 영양 보충
23 반려식물과 싱싱한 여름나기
24 식물을 살리는 습관
25 추위 타는 식물들을 위한 응급처치

5장 텃밭을 하나 갖고 싶어요 242

26 독학으로 텃밭 가꾸기
27 자고 일어나면 쑥대밭
28 열매를 바로 따 먹는 재미
29 화분 속 작은 농장들

6장 식물을 대하는 마음으로 268

30 남편은 식물 돌보기의 숨은 조력자
31 크고 무거운 화분을 옮기듯
32 지워버려야 할 세 가지 말
33 식물이 키워 내는 아이들

마치며_ 식물이 선물해 준 그대로 298

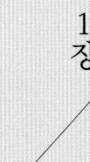

1장

마음껏

숨 쉬고 싶어요

우리 집이 숲이 된다면

01

미세먼지가 뒤흔든 일상

처음 미세먼지 관련 뉴스를 접했을 때는 사실 신경을 크게 쓰지 않았어요. 어차피 이 땅을 떠날 수는 없으니 그냥 적응하고 살아야겠다고 생각했거든요. 사람의 몸이 세균에 노출되면 항체가 생기는 것처럼 자꾸 더 노출되다 보면 면역력이 생기거나, 나도 모르는 사이 몸이 진화해 미세먼지에 적응하는 과정이 일어나리라고 막연히 추측한 거죠. 그런데 이유도 없이 자꾸 새빨간 코피를 쏟는 아들을 보니 생각이 달라졌습니다.

도저히 이렇게는 못 살겠다 싶은 생각이 들어, 캘리포니아나 캐나다로 이민할 생각도 했어요. 만약 그렇게 떠난다면 인생의 반 이상을 살아온 시점에서 모든 것을 제로로 리셋하고 그 나라의 사회 룰을 처음부터 배워야겠더군요. 거기에서 오는 스트레스나 미세먼지 때문에 받는 스트레스나 그게 그거 같았죠. 그렇다면 '내가 사랑하는 가족과 친지들이 있는 여기에서 방법을 찾아보자' 하는 데까지 생각이 흘러갔습니다.

미세먼지에 대응하는 방법에는 어떤 것이 있을까요? 저의 경우 일단 미세먼지 농도가 측정기를 기준으로 $30\mu g/m^3$가 넘어가면 창문을 닫습니다. 그리고 실내 공기청정기를 작동시킵니다. 일단 공기청정기가 돌아가며 먼지를 걸러줄 테니 먼지가 없는 깨끗한 공기를 마시면 컨디션이 괜찮아질 것이라 생각했지요.

그런데 현실은 생각과 달랐어요. 창문을 꼭꼭 닫아버린 집 실내에서는 점점 몸이 늘어져서 바닥에 드러눕게 되고, 영 기운이 나지 않았어요. 공기청정기가 먼지는 걸러주지만, 인체가 내뿜는 이산화탄소까지 거르진 못하기 때문입니다. 사람 몸에 꼭 필요한 산소나 음이온 역시 공급하지 못하지요. 그렇다 보니 컨디션이 전혀 좋아지지 않아 난감했어요. 공기청정기를 플러그에 꽂는 정도로 해결될 일이 아닌 거예요.

'집에 숲처럼 나무가 많다면 어떨까?' 하는 생각이 들었어요. 저는 어릴 때부터 산을 좋아했어요. 산에 가면 몸과 마음이 자유로워졌으니까요. 저는 본격적으로 농촌진흥청 국립원예특작과학원 공식 홈페이지와 《실내공기정화식물 50》, 《실내 식물 사람을 살린다》 같은 책, 인도의 환경운동가 카말 미틀Kamal Meattle 박사의 인터뷰 등, 관련 자료를 찾기 시작했어요. 그리고 식물이 실내 공기정화에 도움이 된다는 사실이 과학적으로 입증되었다는 것을 알게 되었지요. 결론은, 실내에 식물을 많이 두어 미세먼지를 제거하자!

실내공기 관리는 공기정화식물로

제가 식물을 키우는 목적은 분명합니다. 실내 공기정화를 위해서죠. 같은 식물이라도 꽃이 아름다운 관상용 식물은 실내에 들이지 않습니다. 꽃가루 알레르기를 유발할 수 있거든요. 관리가 쉬워 손이 자주 가지 않는 식물들을 중심으로 기본적인 레이아웃을 잡고, 향을 즐기고 싶을 땐 라벤더나 로즈메리, 유칼립투스 같은 허브를 데려왔어요. 바람이 살랑살랑 불 때 나뭇잎이 서로 부딪히는 소리는 잠든 감성을 깨우고, 공기 중에 흩어지는 라벤더 향은 구겨진 마음을 풀 먹이듯 빳빳하게 펴 줍니다.

식물의 수가 100개 정도일 때는 실내 미세먼지 수치가 외부의

20% 선이었는데, 식물 수가 200개가 넘으니 외부의 10% 수준으로 유지되더라고요. 공기청정기를 사용하고 있긴 하지만 아주 가끔만 돌아가니 있는지 없는지 모를 정도예요. 실내는 초미세먼지 기준 0~10$\mu g/m^3$ 정도, 외부의 초미세먼지 농도가 200$\mu g/m^3$에 가까운 날이라도 15~18$\mu g/m^3$입니다. 먼지뿐 아니라 폼알데하이드 수치도 항상 좋은 수준이에요. 습도는 늘 60%대를 유지하고요. 이것이 바로, 식물의 힘!

특히 아이가 있는 집이라면 식물 키우기를 적극 추천합니다. 식물의 초록색은 보기만 해도 알파파를 증가시켜 뇌를 활성화시켜요. 알파파는 심리적 안정 상태에서 많이 발생하는 뇌파인데, 우리가 아는 '엠씨스퀘어'가 그런 역할을 하는 기계지요. 뿐만 아니라, 식물이 만드는 음이온은 혈액 정화, 통증 완화, 세포 부활, 저항력 증진, 자율신경의 조정 능력 향상에 도움이 돼요.

미세먼지는 당분간 더욱 심해질 것이라는 예측이 많아요. 결국 극심한 미세먼지로 바깥 활동이 자유롭지 않은 환경이 된다면 어떤 일들이 벌어질까요? 겨울이 길고, 혹독한 추위로 바깥출입이 자유롭지 않은 북유럽의 나라들을 떠올려 보세요. 실내에 머물면서 활동하는 시간이 길기 때문에 인테리어 산업이 매우 발전했습니다. 결국 식물 키우기나 요리 같이 집 안에서 할 수 있는 취미 활동이 늘어나고, 홈 파티가 증가할 거예요. 다양한 라이프스타일을 소화하려면 아파트 공간보다는 주택에 대한 선호도가 높아지지 않을까 조심스럽게 예측해 봅니다.

동선을 막지 않는 선에서 가능한 한 많은 식물을 배치했어요.

천장에도 식물을 달았습니다.

심지어 욕실에도 화단을 만들었어요.

미세먼지로 변화된 라이프스타일

미세먼지로 인해 라이프스타일에도 이미 많은 변화가 일어나고 있어요. 최근 눈에 띄는 점은 사람들의 건조기 사용이 늘어난 거예요. 밖에서는 물론, 창문을 열어 빨래를 말릴 수 없으니 건조기를 사용하게 되는데요. 아무래도 빨래를 마친 후 바로 건조기로 돌려 말리다 보니 옷감이 금방 상해요. 저의 경우 옷은 물빨래가 가능한 소재를 고르는데, 면 소재는 너무 빨리 닳아서 질기고 빨리 마르는 나일론 소재를 섞어주면 좋겠다는 생각이 들었어요. 매일 사용하는 수건은 금방 보송해지는 거즈 소재를 쓰고 있어요. 특히 미세먼지가 많아지니 외투를 수납하는 공간은 현관 가까운 곳에 있어야 하지 않을까 생각합니다.

미세먼지가 심한 날에는 조리 방법도 주의해야 합니다. 환기를 할 수 없는 날엔 뚜껑을 덮고 가열하는 형태의 요리가 좋아요. 찌거나 삶는 요리는 실내공기에 큰 영향을 미치지 않기 때문이죠. 반면 기름에 튀기거나 볶는 요리는 실내공기를 빠르게 오염시켜요. 가스레인지보다는 전기레인지가 미세먼지와 일산화탄소 방출이 적고요. 실내에 가득한 식물이 공기를 정화해 주지만 깨끗하게 되기까지는 보통 4시간 정도 걸리는 것 같아요.

미세먼지가 맹위를 떨친 이후로 저는 방향제나 디퓨저, 섬유탈취제는 사용하지 않습니다. 건강에 상당히 해로운 화학물질인 폼알데하이드 수치가 높아지기 때문이지요. 대신 향을 즐기고 싶을 때는 살아 있는 허브로 대신하고, 유칼립투스나 라벤더 100% 아로마 오일을 사용해요. 싱싱한 허브 향에 중독되고 나니 다른 인공 향들은 조금 시시하게 느껴지더라고요. 생명의 힘이 없으니까요. 그러고 보니, 미세먼지가 제 라이프스타일에 알게 모르게 많은 영향을 미치고 있네요.

미세먼지는 대기 중에 떠다니거나 흩날려 내려오는 10㎍ 이하의 부유물질로서 지름에 따라 미세먼지(PM10)와 초미세먼지(PM2.5)로 구분해요. 세계보건기구 지정 1급 발암물질이기도 한 미세먼지에 노출되면 호흡기 및 심혈관계 질환이 발생할 수 있으며 사망률도 증가합니다. 특히 초미세먼지는 입자가 작아 폐에서 걸러내지 못하고 혈관에 침투해 쌓이므로 매우 위험해서 '은밀한 살인자'라고도 불립니다.

예보구간	좋음	보통	나쁨	매우 나쁨
미세먼지 (PM10)	0~30	31~80	81~150	151 이상
초미세먼지 (PM2.5)	0~15	16~35	36~75	76 이상

농도별 예보 등급($\mu g/m^3$), 2018년 3월 27일 변경 기준

02

식물과 동거·동락하는 삶

창문을 열어 환기를 할 수 있는 날이 거의 없던 2017년 3월. 그 달 20일 아침 외부의 초미세먼지(PM2.5) 수치는 70~80$\mu g/m^3$ 정도였어요. 같은 해 12월에는 수치가 200$\mu g/m^3$를 넘나드는 주말이 두 번이나 있었는데 그 와중에도 집 안 곳곳을 지키고 선 200그루의 식물 덕분에 실내 수치는 12~18$\mu g/m^3$에 머물렀지요. 책에 담은 사진들은 식물이 150그루 정도일 때 찍은 것이라 최근보다는 미세먼지 수치가 조금 높은 편이에요.

물론 우리 집에도 공기청정기가 있습니다. 하지만 식물 덕분에 공기청정기는 아주 가끔만 돌아가요. 공기청정기의 팬이 돌아가는 '웅웅' 소리 역시 불편한 소음이라 가능하면 조금만 듣고 싶어요. 공기청정기는 초미세먼지가 유입될 때 빠르게 먼지를 제거하는 응급처치용으로 복도나 통로에 배치해두었어요. 공기청정기의 필터도 또 다른 오염물질이니 그저 마음 편하게만 사용할 수 없습니다.

오염된 실내공기 개선에는 식물로 가득한 실내 공간이 하나의 해결책이라는 생각이 들었어요. 1년 남짓의 기간 동안 50가지가 넘는 종류의 식물 200그루로 집을 채웠습니다. 일단 공기청정기가 먼지를 걸러내면, 식물이 호흡하며 환경호르몬을 제거하고, 산소와 음이온* 배출로 인체에 유익한 공기를 만들어내는 조합. 말

Mini Tip

● 음이온

사람은 산소와 산소분자에 있는 음이온을 흡입함으로써 건강을 유지합니다.. 대자연 속에서 살았던 사람은 음이온 양을 유지하게끔 적응해 왔기 때문이지요.
자연 상태와 가장 가까운 환경에서는 공기 중의 음이온과 양이온의 비율이 1.2:1인데, 도시나 오염이 심한 지역은 1:1.2~1.5로 양이온의 비율이 높다고 해요. 양이온이 많은 생활환경에 노출된 현대인들이 각종 질병이나 스트레스에 시달리게 되는 것도 이 때문입니다.
음이온은 공기 중의 비타민이라고 불리기도 하는데요. 음이온을 충분히 공급받으면 신체의 이온 불균형으로 인한 각종 문제를 해결할 수 있습니다. 또 음이온은 전기적 특성으로 발생한 각종 오염물질을 제거하며, 사람의 피부와 호흡을 통해 몸으로 들어갈 경우 신진대사를 촉진합니다. 사람 몸속의 혈액을 정화하고, 세포를 부활시키며, 통증 완화, 저항력 증가, 자율신경의 조정 능력을 높입니다.

자료원_농촌진흥청 국립원예특작과학원 홈페이지

하자면, 실내공기에 있어서 공기청정기는 링거 같은 응급처치용이고, 식물이 뿜어내는 공기는 매일 먹는 보약, 즉 '밥'인 셈이에요.

식물이 미세먼지를 어떻게 제거하는 걸까요? 미세먼지의 70%는 식물의 잎에서, 30%는 뿌리에서 제거된다고 해요. 잎 윗면에 붙으면 왁스층에 흡착돼 제거되고, 잎 뒷면에 붙으면 기공에 흡수돼 사라지는 것이지요. 또한, 식물의 뿌리에도 미세먼지 제거 기능이 있으니 뿌리가 호흡할 수 있게 해 주면 효과가 더 좋습니다. 물받이가 있는 화분은 종종 물을 비워주고, 바로 화분 밑에 물받이가 붙어 있는 형태라면 그사이 작은 돌들을 놓고 화분을 올려 통풍이 되게 하는 것이지요.

지난 1년간 식물이 가득한 온실 같은 집을 통해 임상 실험을 해본 결과, 다음과 같은 확실한 결론을 얻었습니다. 첫째, 식물이 100그루 정도 있을 때 실내 미세먼지 수치는 외부의 20%, 식물이 200그루 정도일 때는 10%에 불과했습니다. 둘째, 건조한 겨울에도 습도가 60% 선을 유지해, 가습기가 필요 없었습니다. 셋째, 식물이 먼지를 많이 흡수해, 공기청정기 작동 시간과 횟수가 현저히 줄어들었어요. 신기하게도 집 안에 굴러다니는 먼지가 보이지 않아서 청소도 매일 할 필요가 없어졌지요. 그렇다 보니 상대적으로 전기도 덜 사용하게 됩니다. 매일매일 청소하는 시간과 에너지를, 일주일에 한 번 청소와 화분에 물 주는 일에 쓴다고 생각해 보세요.
오히려 식물 키우기는 플러스만 있는 흑자 가계부가 아닐까요?

공간을 차지한 식물들

식물의 크기에 맞는 스타일링, 장소에 맞는 식물 배치도 중요해요. 지금 저희 집에 어떤 식물이 어떻게 배치되어 있는지 궁금하시죠?

먼저, 현관입니다. 입구 쪽은 사람들이 들락날락하며 외부 공기가 유입되기 때문에 아무래도 초미세먼지 수치가 조금 더 높습니다. 그래서 공기청정기 배치가 필수예요. 이곳의 공기청정기가 제일 많은 일을 하지요. 저희 집 현관에 들어서면 해피트리, 스킨답서스, 금송, 마지나타가 맞이합니다. 덕분에 초미세먼지 수치는 $18\mu g/m^3$를 유지합니다.

식탁 옆에는 공기정화에 탁월한 아레카야자를 두었어요. 식사 시간마다 아레카야자의 아름다운 수형을 감상할 수도 있으니 일거양득입니다. 작은 화단처럼 녹보수, 유칼립투스, 해피트리, 마블 선인장, 폴리시아스, 수채화 고무나무, 아왜나무, 떡갈나무를

해피트리, 스킨답서스, 금송, 마지나타가 맞이하는 현관 입구예요.

초미세먼지 농도 18㎍/㎥.

시계 방향으로 녹보수, 유칼립투스, 해피트리, 마블 선인장, 폴리시아스, 수채화 고무나무, 아왜나무, 떡갈나무가 있는 작은 화단. 초미세먼지 농도는 15㎍/㎥.

모아 두었고, 테이블 위에는 산호수, 목향, 피토니아, 테이블야자, 해피트리가 몸집을 키워가고 있어요.

    1층에서 2층으로 올라가는 복도에는 벽 화분을 두었어요. 햇빛이 닿는 모든 곳에 식물을 배치했지요. 한 톨의 빛도 놓치지 않겠다는 저의 결연한 의지가 느껴지나요? 벽 화분 맨 위쪽의 산호수들은 이곳이 마음에 드는지 숲처럼 울창해졌습니다. 산호수는 빨간 열매를 맺는데, 그걸 심으면 또 산호수가 자라나요. 공기정화 능력도 뛰어나고 별 탈 없이 잘 자라는 고마운 식물입니다.

1층에서 2층으로 올라가는 위치에 둔 벽 화분.

대개 2층의 미세먼지 수치는 1층보다 낮아요. 보통 $12\mu g/m^3$. 2층 복도에도 식물을 가득 채웠는데, 대다수가 3년 전부터 키워 온 것들이고 선물 받은 것들도 많아요. 2, 3천 원짜리 포트 화초를 키워 증식한 것도 꽤 되고요. 벽 화분 속 식물들은 거의가 저렴한 것들이라 이렇게 꽉 채워도 5만 원이 채 안 됩니다. 저렴한 가격에 마련했지만 살아 있는 한 계속해서 건강한 실내공기를 선물해 주니 볼 때마다 사랑스럽고, 고마운 마음이 듭니다.

**핑크레이디, 스노 사파이어, 홍콩야자가 있는 테이블.
초미세먼지는 $12\mu g/m^3$.**

2층의 아이 방에는 아레카야자 3그루와 필로덴드론 1그루가 자리하고 있습니다. 점점 무성해지고 있어서 아이가 책상까지 가려면 잎을 헤치고 가야 할 정도예요. 식물이 시선을 차단해주니 아이의 사생활도 보호됩니다. 아레카야자는 해충에 강하고, 하루 1L 정도의 수분을 머금고 뿜기 때문에 여러모로 유용한 실내용 식물이에요. 필로덴드론은 음이온을 많이 방출하니 공부방에 추천합니다.

아이 방의 아레카야자 3그루와 필로덴드론 1그루.
초미세먼지 농도 $11\,\mu g/m^3$.

2층 손님용 겸 멀티룸에도 식물이 가득합니다. 해피트리, 뱅골고무나무, 스파티필룸, 팔손이. 사진 속 오른쪽에 가장 키가 큰 나무가 팔손이인데요, 2만 원 주고 산 아담했던 나무가 무럭무럭 자라고 있어 볼 때마다 뿌듯합니다.

손님용 겸 멀티룸에 배치한 식물들.
초미세먼지 농도 12㎍/㎥.

2층 안방에는 떡갈나무와 홍콩야자, 나비란, 뱅골고무나무, 팔손이가 있습니다. 식물 스타일링에서 꼭 기억해 둬야 할 것은 학창 시절, 미술시간에 배웠던 '비례, 균형, 대칭, 리듬감'이에요. 화분 전체 덩어리 감으로 비슷하게 대칭을 잡고, 각각의 덩어리에 강, 약, 중강, 약 그리고 대, 중, 소로 리듬감을 주는 겁니다. 비례는 '2:1'을 기억해 두면 황금 비례와 유사해 시각적으로 훨씬 아름답습니다. 사진 속 화분들을 그저 나란히 늘어놓았다고 생각해 보세요. 덜 아름다웠겠죠?

안방 창 곁에 둔 떡갈나무, 홍콩야자, 나비란, 뱅골고무나무, 팔손이. 공기청정기 없이도 초미세먼지 수치 14㎍/㎥.

지하에는 스튜디오가 있습니다. 저의 작업실인데 꿈을 키우는 공간이지요. 일도 하고, 글도 쓰고, 책도 보고, 그림도 그리게 될 공간. 역시 창가마다 식물을 배치하고, 여러 가지 식물들을 물 꽂이(물을 담은 용기에 식물을 바로 꽂는 방법)하고 있어요. 사진에는 보이지 않지만 구석구석에 작은 화분들이 있습니다.

올봄 먼지가 아주 많은 날, 식물이 내뿜는 공기 덕분에 공기청정기 도움 없이 평화롭고 고요하게 생활할 수 있었던 공간을 보여드리고 싶었어요. 백문이 불여일견이겠지요? 늦가을, 싹이 진짜 트는지 궁금해서 심어본 아보카도가 연둣빛 새싹을 틔워 잎을 반짝이고 있는 걸 보았을 때 덩실덩실 춤이라도 추고 싶었던 기분. 그때를 생각하면 아직도 빙그레 웃음이 납니다. 아보카도를 화분에 옮겨 실내로 데리고 왔는데, 볼 때마다 여전히 기분이 참 좋아요. 식물을 매일 본다는 건 일상에서 누릴 수 있는 실용적이고도 아름다운 사치입니다.

경험해 보니 식물은 많으면 많을수록 좋습니다. 식물 관리법을 알기는 해야 하는데, 필요한 만큼만 알면 되니 그리 어렵지 않아요. 식물학 박사 학위에 도전할 것은 아니니까요.

스튜디오 벽면 한 쪽에 화단을 만들었어요.

03

솟아나는 새잎, 차오르는 에너지

　이사 온 집에서 첫 겨울을 맞을 때, '주택은 춥다'는 말에 잔뜩 겁을 먹었어요. 식물들이 냉해를 입지는 않을까 걱정이 되기도 했고요. 겨울철 실내 온도를 20도 정도로 유지했는데, 사람에겐 조금 춥게 느껴져도 식물엔 아주 적당한 온도랍니다. 그러니 당연히 식물이 얼어 죽는 일도 없었지요. 혹시 건조해서 잎이 마를까 봐 매일 아침 분무해 주긴 했지만요.

　상상해 보세요. 잠에서 막 깨어나 헝클어진 머리카락과 부스스한 얼굴의 아줌마가 카우보이처럼 오른손과 왼손에 각각 분무기를 들고 권총 쏘듯 번갈아 가며 식물에 물을 발사하는 모습을! 혼자 생각해도 웃음이 터져 나올 만큼 우스꽝스러운 몰골이지만, 정신 놓고 몰입하는 재미가 있답니다. 100그루의 식물에 약 1L의 물이 필요하니 꽤 오랫동안 분무기로 물총 놀이를 할 수 있습니다.

물기를 머금은 잎은 방금 목욕을 마친 아기의 얼굴처럼 말갛고 예뻐요. 싱그러운 얼굴로 웃으며 '고마워요'라고 말하는 것 같죠. 잎 표면에 송골송골 맺히는 물방울엔 희미한 연두색부터 진한 초록색까지 폭넓은 그러데이션이 펼쳐지는데, 색상에 예민한 저에겐 행복한 디테일이에요. 뭐니 뭐니 해도 가장 기분이 좋은 건, 정성껏 돌본 식물이 새잎을 틔울 때입니다.

우주선의 프로펠러처럼 새잎을 틔운 아로우카리아.

특히 아로우카리아는 우주선의 프로펠러 같은 모양의 귀여운 새잎을 머리 위로 솟아 올립니다. 처음엔 조막손처럼 작은 다섯 잎으로 고개를 내밀지만 조금 지나면 아가 손 같고, 며칠 더 지나면 우산처럼 자라 있어요. 얼마나 귀여운지 새잎이 나기를 계속 기다리게 됩니다.

본디 무심하게 생긴 이 나무에도 생명 에너지는 차올라 새로 나는 잎은 부드럽고 연한 녹색을 띱니다. 다 큰 아로우카리아의 잎은 손으로 만지면 뻣뻣하지만, 새잎에서는 탄성이 느껴져요. 가시처럼 뾰족하지는 않아도 힘이 있어 피부에 닿으면 살짝 아파요. 어린 아기가 있는 집에서라면 신경 써서 키워야 할 거예요.

새잎을 부드러운 포장지로 싸서 틔워 올리는 고무나무.

저는 고무나무의 새잎도 좋아해요. 이 나무는 잎사귀를 부드러운 포장지로 한 번 싸서 틔워 올립니다. 처음엔 빨간 꼬챙이처럼 뾰족하게 고개를 내미는데 돌돌 말려 있던 잎이 완전히 펴지면서 껍질은 떨어지고 새잎이 반짝거리는 자태를 뽐냅니다. 굳이 껍질을 제거해 주지 않아도 스스로 떨구는데, 저는 늘 과잉 친절을 베풀곤 한답니다.

새잎 틔우길 돕고 싶어서인지, 껍질이 보기 싫어서인지 아직 잘 모르겠어요. 껍질을 떼다가 꼭 잎에 상처를 내는 바람에 하얀 라텍스 눈물이 뚝뚝 떨어지는 걸 보게 돼요. 그저 기다려야 하는데, 세상에서 가장 어려운 일이 여린 새잎을 틔워 올리는 식물을 묵묵히 기다려주는 일이 아닌가 싶어요. 1년이 넘고 1년 반이 지나서야 겨우 껍질이 떨어지기를 그저 바라볼 수 있는 인내심이 생겼습니다. 솔직히, 그저 바라보기만 한다기보다 돕고 싶은 욕망을 제어하고자 고개를 얼른 돌려 외면하는 편에 가까워요.

내가 편애하는 식물들

아레카야자는 새잎을 쭉 뻗어 올린 후 부채처럼 펼쳐 잎 하나하나를 늘어뜨려요. 아레카야자의 새잎은 다른 잎들 사이에서 금방 눈에 띌 만큼 힘차게 솟아오릅니다. 처음엔 뾰족하게 쑥 내미는데, 꼭 싱크로나이즈드 선수의 쭉 뻗은 다리 같아요. 소리 소문 없이 조용히 솟구쳐 올라 어느 순간 부채처럼 잎을 펼칩니다. 가만히 두면 자기 입맛대로 잎을 키워서 펼칠 터인데 저는 또 이상한 오지랖이 발동해 잎을 하나하나 펴주고 싶어져요.

참 희한한 마음이에요. 아직 다 자라지도 않은 잎을 가닥가닥 떼어놓으면 성장이 빨라질까요. 빨리 자라면 또 어디에 쓰려나. 다 자기 몫이 있는 건데. 생각이 여기까지 미치면 얼른 고개를 돌려버립니다. 때로는 산수화 속 강물 따라 흘러가는 배처럼 산 구경, 강 구경해가며 유연하게 사는 것도 좋은 거라며 스스로 위안해 봅니다.

싱크로나이즈드 선수의 다리처럼 솟아오른 아레카야자의 새잎.

유칼립투스는 제가 가장 좋아하는 식물이에요. 알싸하면서도 시원한 향이 정말 좋거든요. 아로마 원액을 책상 앞에 놓고 수시로 맡을 정도로 유칼립투스를 좋아해요. 잎에 코를 묻고 킁킁거리면 시원한 향이 기도를 타고 폐까지 넘어가고, 또 향의 한 줄기는 머리로 이동해 뇌를 개운하게 해줘요. 꽃집에 갈 때마다 어김없이 데려올 만큼 좋아하는 식물입니다.

유칼립투스의 새잎은 자기 마음대로 아무 데서나 튀어나와요. 물을 좋아하는 이 녀석은 삐치기도 잘 하는데요, 조금만 마음에 안 들면 잎이 쪼글쪼글해지거나 퍼석해지고, 기분 내키면 잎 사이사이에 불규칙하게 작은 잎을 멋대로 틔웁니다. 완전 기분파에요. 모시고 살아야 하는 대표적인 식물이죠. 예쁘고 향이 좋은 식

꽃집에 갈 때마다 사 오는 유칼립투스.

물은 벌레들도 좋아합니다. 관리가 아주 까다로운 편이라, 식물 키우기에 꽤 자신이 붙은 중급 실력 이상을 갖췄을 때 도전해볼 만한 식물입니다.

매일매일 다른 모습으로 저를 반겨주는 식물들. 왜 이들을 '반려식물'이라고 부르는지 알 것 같아요. 말은 못해도 우리는 충분히 교감하고 있거든요. 흙이 말랐을 땐 목마르다고, 벌레가 힘들게 하면 너무 괴롭다고, 화분이 작아지면 불편하다고 온몸으로 말하는걸요. 그 신호를 얼른 알아채는 것이 200그루의 식물을 관리하면서도 허덕이지 않는 비결이라고 할 수 있을 거예요.

실제로 초록색은 보는 것만으로도 뇌의 알파파가 증가해 심신이 안정된다고 합니다. 식물들은 그저 바라만 보고 있어도 내 마음을 어루만져주는 것 같아요. 일종의 힐링 효과를 기대할 수 있답니다. 새잎을 밀어내며 생명 에너지를 뿜어내는 싱싱한 식물들과 함께, 일상을 살아갈 긍정 에너지를 가득 충전하시길 바랍니다.

04

추억이 되살아나는 나의 첫 정원

저의 첫 정원은 정말 손바닥만큼 작은 화단이었어요. 빨간 벽돌을 대각선으로 박아 테두리를 세운 이 화단에는 과꽃도 있고, 샐비어도 있고, 데이지와 보라색 팬지도 있었어요. 바로 옆에는 펌프와 수도가 있었지요. 아이 넷을 키우면서도 화단에 꽃을 심을 만큼 엄마는 낭만적이셨던 것 같아요. 마당에는 흰색 털의 강아지 해피가 살았는데, 사납게 짖으며 저에게 덤벼든 다음 날 어디론가 사라졌습니다.

화단 맞은편에는 지하실이 있었어요. 어두컴컴한 그곳에서는 '똑. 똑. 똑' 하며 마치 깊은 동굴 천장에서 떨어져 내리는 물방울처럼 맑고 깨끗한 소리가 들려왔지요. 사실 지하실 내부는 온통 새까맸는데, 어릴 적이었지만 탄광이 이런 모습이 아닐까 생각하곤 했어요. 그곳에 연탄아궁이가 있었기에 엄마는 하루에도 몇 번씩 그곳을 드나드셨어요. 하지만 우리가 따라 들어가려고 하면 들고양이를 쫓듯 물리치며 오지 못하게 하셨습니다.

화단 맞은편에 놓인 몇 개의 계단 끝에는 볼록 유리가 끼워진 알루미늄 현관문이 있었는데, 문에서 나는 '끼이익' 그 소리가 참 듣기 싫었어요. 대문에는 녹이 슬지 않게 가끔 페인트칠을 해줘야 했는데, 엄마는 여러 가지 시도를 하셨어요. 어느 날 학교에 갔다 돌아오면 초록색으로 변했다가, 어떤 날엔 파란색으로 변해 있었지요. 저는 파란색 대문일 때가 제일 좋았어요.

골목길에 들어서 검은 문, 남색 문을 지나쳐 파란 대문을 만나면 너무 반가워 폴짝 뛰기까지 했어요. 문 앞에 서서 동화 속의 주인공이 된 상상을 하곤 했는데 어떤 날엔 이상한 나라의 앨리스가 되었고, 어떤 날엔 오두막 앞에 서 있는 허클베리 핀처럼 굴었지요. 이처럼 혼자 상상하는 시간이 좋아, 일부러 초인종을 누르지 않기도 했답니다.

화단에 얽힌 추억도 많아요. 이 작은 화단에 핀 과꽃을 뜯고, 샐비어 꿀을 따 먹고, 그 곁에 둘러앉아 동생들과 소꿉놀이를 했어요. 밖에서 잔다며 이불을 모두 꺼내 와 마당에 자리 펴던 엉뚱한 아이가 바로 저였습니다. 엄마한테 혼이 났지만, 저는 그러면 왜 안 되는지 늘 궁금했어요. 아이 넷을 키우며 정신이 혼비백산해 있던 엄마 입장에서 생각해 본 적은 없었던 거예요. 지금의 저는 저를 쏙 빼닮은 아들 겨우 하나를 키우면서도 정신이 늘 허둥지둥 부산스럽기만 한데 말입니다.

그 시절 동생들과 작은 화단에서 소꿉놀이할 때, 땀이 뻘뻘 나도록 웃고 떠들며 재미있어하던 기억이 생생해요. 일곱 혹은 여덟 살이나 되었을까요. 모래 속에서 찾은 조개 껍데기를 곱게 빻아 소금을 만들고, 빨간 벽돌 조각을 찧어 고춧가루를 만들고, 벽돌 위에 식물을 늘어놓고 "자, 드세요" 하는 단순한 놀이였는데 뭐가 그렇게 재미있었을까요. 세수하다가도, 책을 읽다가도, 버스 안에서도 문득문득 그 화단이 생각났어요.

나만의 첫 정원

그 후로 30년이 훨씬 더 지나서야 마련한 나의 정원은 자꾸 그때 그 시절을 떠오르게 합니다. 해가 뜨기 전에 잔디에 풀을 뽑고 물을 주고 텃밭을 돌봐야 하는데, 이 귀찮아 보이는 일이 너무 재미있어서 해야 할 다른 일들을 자꾸 뒤로 미루게 돼요. 저는 특히 풀 뽑기를 좋아하는데 땅속 깊이 박힌 뿌리를 기어이 파내면 속이 후련해져요. 육체노동은 들인 시간만큼 아웃풋이 쌓이는 것 같아요. 정직한 노동이지요. 스티커 붙이기나 포장하기 같은 단순 노동도 좋아한답니다.

옥상 정원 60cm짜리 화분들로 완성한 텃밭.

처음 이 집을 만났을 때는 1층에 마당이 거의 없다는 점이 마음에 들었어요. 1층 정원은 너무 오픈되어 있어, 무언가를 하고 싶은 마음이 덜 생기더라고요. 어차피 미세먼지로 실외 활동이 점점 어려워지니 마당에서 할 수 있는 게 많지 않을 것 같았지요. 마당보다는 프라이버시가 지켜지는 옥상 정원이 좋아요. 뜨거운 햇볕을 그대로 받으니, 텃밭의 토마토들도 쑥쑥 잘 자랍니다.

지하 선큰sunken(지표면 아래에 외부 공간을 활용할 수 있게 조성한 정원)은 정말 자그마해서 어떤 용도로 쓸 수 있을까 싶었는데, 황금 측백나무를 쪼로록 가져다 놓으니 자꾸 머물고 싶은 야외 정원이 되었답니다. 내친김에 바비큐도 했는데 그런대로 운치 있더라고요. 지난가을엔 여기서 조카들, 친구들과 고기를 구워 먹었어요. 프라이버시가 지켜지니 아주 자유롭습니다. 봄·가을엔 바비큐하고, 여름엔 작은 수영장을 여는 이웃이 있는 동네. 쪼르르 달려가면 친구네 집인 이 동네가 저는 참 좋아요.

미세먼지 때문에 실외 활동이 힘들어졌는데, '야외 정원이 웬 말이야' 하며 냉소적으로 생각했어요. 그런데 오히려 어쩌다 오는 새파란 하늘과 맑은 공기를 만나면 더욱 소중하게 느껴집니다. 드물기 때문에 더 귀하게 느껴지는 것이지요. 맞아요, 자주 쓰는 것만이 행복은 아닙니다. 바로 그 순간순간에 100% 충실한

햇살을 맞으며 책을 읽거나, 가끔 바비큐를 즐기곤 하는 선큰.

것. 행복은 최종 목표라기보다 살짝 왔다가 사라지고 또다시 찾아오는 산들바람 같아요.

마음에 폭우가 몰아치고 파도가 밀려들어 통제하기 어려울 때, 잡초의 무한한 생명력이 평정심을 유지하는 데 큰 힘이 되었어요. '잡초들도 자기 생을 위해 안간힘을 쓰는데, 너는 네 삶을 위해 얼마나 최선을 다하고 있니?' 이런 얘기가 들리는 것 같았거든요. '그래, 내가 삶을 뭐 얼마나 열심히 살았다고' 싶으면서, '나도 한번 열심히 살아보자!' 하는 마음이 생기는 겁니다.

나중에 알게 되었는데, 정원 가꾸기는 심리 치료에 실제로 도움이 된다고 해요. 녹지가 많은 곳에서 생활하고 자라난 아이들의 지능이 높다는 기사도 읽었어요. 오감을 자극하는 환경, 마음을 편안하게 해 주는 초록, 생명의 힘이 인간에게 해로울 리 있을까요. 초록빛 생명력으로 가득 찬 숲이 점점 사라지고 있으니, 실내 공간 어디에라도 초록을 채워야 하지 않을까요?

옥상 정원에 자리한 텃밭은 아주 건강합니다. 가릴 수 있는 것이 없어 그대로 내리쬐는 뜨거운 햇볕 덕분에 토마토가 숲을 이뤘어요. 가까이 있는 산에서 온갖 풀씨가 날아와 잠시 잠깐이라도 들여다보지 않으면 들꽃으로 뒤덮이곤 해요. 사실 이것들이 잔디의 성장을 방해하니 반갑지만은 않지요. 화분으로 분리된 텃밭에는 친환경 농사를 지으려 하지만, 잔디밭에는 제초제를 쓸까 합니다.

초록빛 잔디가 뒤덮인 옥상 정원 한가운데 서면 오감이 기지개를 켜는 것 같아요. 비록 3층짜리 주택에 붙들린 몸이지만 저의 감각들은 씨줄과 날줄로 촘촘하게 얽혀, 일상을 더욱 세밀하게 걸러냅니다. 자연과 가까운 곳이라 사색하며 걸을 데도 많지요.

봄이 되면 잔디를 더 푸릇푸릇하게 가꾸고 싶어요. 작년 봄 잔디를 깎던 날, 창 안으로 밀려 들어오는 풋풋한 향이 정말 좋았어요. 정원 가꾸기는 귀찮을 때도 있지만, 몸을 일으켜 얻는 정직한 노동의 대가는 뿌듯합니다. 지하 선큰에 라벤더와 로즈메리를 잔뜩 심어 나갈 때마다 그 공간에 가득한 허브향을 느끼고 싶어요. 어서 봄이 오면 좋겠어요. 아들, 조카들, 아들 친구들과 바비큐를 하고, 이제 사춘기를 맞은 녀석들과 땀을 뻘뻘 흘리며 놀면서, 마음껏 낄낄대고 싶어요.

조카들과 아들 친구들에게 키다리 이모가 되고 싶어요.

05

우리 집에 어울리는 식물을 찾아요

반려식물을 키우는 일이 몸과 마음과 생각에 좋다는 것은 이제 충분히 이야기한 것 같아요. 이제 식물들을 키워야겠다는 생각이 들지 않나요? 그렇다면 공기정화를 위해 어떤 식물을 어떻게 배치해야 할까요?

그저 기능에만 충실하기보다 미학적 요소를 지닌 아름다운 공간을 만들기 위해 조금 더 고민해 볼 필요가 있어요. 아무 옷이나 입어도 괜찮은 사람이 있는가 하면, 도저히 패션 스타일만큼은 포기할 수 없다고 하는 사람도 있잖아요. 어디에 중점을 둘 것인지는 개인적인 문제이지만, 저는 늘 한 번에 두 가지를 얻는 '일거양득'을 추구해요. 실용적이면서도 아름다운 것.

어떤 식물이든 괜찮다 하는 분들은 인도의 공기정화에 힘써 온 환경운동가 카말 미틀 박사의 조언을 따라 보세요. 그는 1인당 어깨 높이 크기의 아레카야자 4개, 허리 높이 크기의 산세비에리아 6개, 곳곳에 수경 재배하는 스킨답서스가 필요하다고 말해요. TED 강연으로도 유명해진 그는 지속적인 실험을 통해 식물을 통한 공기정화 효과를 검증하고 그 결과를 인도 정부 공식 홈페이지에 게시하고 있죠.

뉴델리에 있는 미틀 박사의 사무실은 지속 가능한 건축과 환경정화식물로 녹화 산업의 모델이 되기도 했어요. 현재는 식물이 가득한 사무실 공유서비스 사업을 함께하고 있습니다. 다만 식물로 가득 찬 그의 사무실이 심미적으로 아름다운지는 잘 모르겠어요. 초록이 풍성한 식물들을 단정한 화분에 심어 통일감을 주었지만, 인테리어 요소로 활용하기엔 아쉬움이 있거든요.

국립원예특작원 김광진 박사는 공기정화식물 배치에 대한 보다 구체적인 가이드라인을 제시합니다. $108\,m^2$ 아파트의 거실 넓이가 약 $20\,m^2$일 때 식물의 높이가 1m 이상인 큰 식물은 3.6개, 중간 크기의 식물은 7.2개, 30cm 이하의 작은 식물은 10.8개가 적당하다는 것이지요. 건국대 생명환경과학대학 손기철 박사는 식물은 많을수록 좋다고 말합니다. 어떤 식물이든 무조건 많은 것이 좋다는 데 저 역시 한 표 던집니다. 어젠 종일 공기청정기가 꺼져 있었고, 창문을 조금 열어두었더니 실내 미세먼지 수치가 $30\mu g/m^3$였는데, 창문을 닫고 5시간 정도 지나자 $2~3\mu g/m^3$로 떨어지더군요. 제가 잠을 자는 동안에도 식물들은 열심히 일을 한답니다.

"우리 집엔 어떤 식물이 좋을까요?"라는 질문에는 정답을 드릴 수가 없어요. 어떤 식물에 아름다움을 느끼는지는 개인 취향에 속하기에 정답이 없기도 하고요. 화원에 들러 나에게 가장 좋은 에너지를 주는 식물이 무엇인지, 어떤 나무를 보면 기분이 좋은지, 나도 모르게 미소가 지어지는 식물은 어떤 것인지 직접 느껴보세요. 식물원이나 공원에서 확인해 봐도 좋습니다.

반려동물을 키우려는 사람들도 얼굴이 자꾸 떠오르는 아이를 데려오는 경우가 많더라고요. "그냥 가서 보기만 하려고 했는데 얼굴이 자꾸 떠올라서 다시 가서 데려왔어" 같은 이야기를 종종 들었거든요. 식물도 똑같습니다. 그 식물의 에너지 파장이 나와 잘 맞아서 나를 끌어당기는 느낌이 드는 거예요. 자꾸 생각이 나는 애들을 데려오면 오래 키우게 될 확률이 높아집니다.

우리나라의 경우 인구의 아파트 거주 비율이 60%가 넘을 정도로 아파트가 압도적인 주거 형태라고 해요. 연립 주택까지 포함하면 75%에 이른다고. 아파트는 공간을 효율적이고 합리적으로 활용하는 형태 같지만, 실제로는 발길이 한 번도 가지 않는 '데드 스페이스Dead space'가 많아요. 죽은 공간을 살리는 데는 식물만큼 좋은 대안도 없답니다.

저에게 늘 좋은 에너지를 주는 대나무야자.

집이 작아서 식물 놓을 곳이 없다는 사람들의 이야기도 많이 들어요. 그렇다면 쓰지 않는 물품들을 정리해 보면 어떨까요? 그냥 짐을 쌓아둔 창고 방의 크기가 5평이라면, 평당가를 2천만 원으로 잡아도 1억 원을 창고비로 지출하는 셈이에요. 그럴 바엔 차라리 방 하나를 식물로 가득 채워보는 게 어떨지. 그 정도면 4인 가족을 위한 지속 가능한 산소 탱크가 되고도 남을 면적이랍니다.

반려식물들, 어디에 둘까요

아무 데서나 잘 자라는 식물 두 가지만 꼽으라면, 스파티필룸과 스킨답서스. 일단 이 두 식물을 집 안 곳곳에 배치해 주세요. 작은 사이즈 화분 10개를 배치해도 되지만, 그렇게 하면 물 줄 때가 귀찮아요. 물이 자꾸 흘러넘치거든요. 옆으로 넓으면서 깊이는 낮은 화분에 물 꽂이해 주면 좋답니다. 습도가 높을 때는 흙에 심어주는 편이 좋고요. 창틀도 훌륭한 장소입니다. 심지어 스킨답서스는 책꽂이 선반에서도 잘 자라요.

식물은 햇빛을 자주 봐야 잘 자랄 것 같아서, 저도 처음엔 무조건 햇볕이 많이 드는 곳에 두고 키웠어요. 그런데 오히려 뜨거운

'대품'이라고 불리는 키 150cm 이상의 식물들은 집 전체의 인상을 좌우합니다. 그러니 조금 신중하게 고를 필요가 있어요. 누가 뭐라 하든 전혀 신경 쓰지 말고 내가 좋아하는, 내게 손짓하는 애들로 데려오면 되는데, 나무 모양을 유심히 보고 가지 모양이 균형을 잡으며 잘 자랐는지를 확인해 보세요. 보통 큰 화분일수록 부침 없이 잘 자랍니다. 이미 뿌리가 튼튼하게 자리잡혀 있기 때문이지요.

얼마 전, 금송을 분갈이하다가 깜짝 놀랐어요. 뿌리가 자라는 방향 아래에 스티로폼 판이 들어가 뿌리의 성장과 호흡을 막고 있었던 거예요. 무탈한 금송이니 그나마 잘 견뎠지, 다른 식물 같으면 벌써 이별했을 거예요.

대품은 분갈이를 하기 어려우니, 뿌리 상태도 확인할 겸 검사 겸사 화원에서 분갈이를 해오는 게 방법입니다. 대형 식물의 경우 안타깝게 이별하게 된다면 버리는 것도 노동이에요. 그러니 처음부터 건강한 애들로 잘 데려와야 해요. 화원에서 분갈이를 하면 2년 정도는 문제없을 테니, 그동안 실력을 연마해 다음엔 직접 분갈이해 보길 권합니다. 식물과의 추억 쌓기는 내가 애정을 갖고 돌보는 데서 시작되거든요.

직사광선이 내리쬐는 곳은 식물도 별로 좋아하지 않았어요. 생각해 보면, 〈아바타〉 같은 영화에서 정글은 나무가 빽빽해 한낮에도 빛이 잘 들어오지 않을 만큼 컴컴한데도 표면의 식물들이 무성하게 잘 자라잖아요?

집 안 곳곳에 두 식물을 배치했다면, 이제는 인테리어 디자이너들이 자주 활용하는 야자류와 고무나무, 떡갈나무를 아주 작은 사이즈부터 큰 사이즈까지 다양하게 섞어서 리듬감 있게 배치하는 거예요. 뾰족한 잎을 좋아하면 아레카야자, 마지나타, 아로우카리아를 추천하고 싶어요. 둥근 잎은 고무나무, 떡갈나무, 녹보수, 해피트리 같은 나무가 잘 자라고 예뻐요. 키 20cm 미만의 화분들은 책상 위, 테이블 위, 책장 위, 협탁 위, 화장대 위 어디에든 다 어울려요. 키가 30cm 이상 되는 식물들은 부피감, 양감이 생기기 시작하니 공간이 조금 더 필요하고요.

방과 창문이 만나는 코너 자리도 좋아요. 화분의 크기가 너무 작아서 물을 줄 때 허리 굽히기가 힘들다면 스탠드를 사용해 높이를 올리면 돼요. 스탠드를 따로 사지 않더라도 집에 있는 소품들을 이용할 수 있어요. 응용법은 다양합니다. 두꺼운 책을 몇 권 쌓거나, 장난감 벽돌로 단을 세우거나, 스툴 위에 올리거나 무엇이든 가능해요.

도쿠리난도 볼 때마다 기분이 좋아요.
잎이 단단해서 낭창거리지 않고 기품이 느껴집니다.

2층 계단으로 올라올 때 보이게 배치했어요.

06

식물 킬러, 어둠의 손들에게

실내 식물 200그루와 함께 살게 되면서 자주 듣는 이야기들이 몇 가지 있어요.

"이 많은 화분을 직접 관리하세요?"
"어떻게 관리하세요?"
"어떤 식물이 키우기 좋아요?"
"그런데 저는 식물은 모두 죽이는 어둠의 손이라서…."

식물이 200그루나 있지만 모두 직접 관리합니다. 처음에 마음먹기가 어렵지 관리는 생각보다 어렵지 않아요. 다이어트와 비슷하달까요. '매일매일 꾸준히'가 중요하지요. 식물의 뿌리는 건조하게, 잎은 촉촉하게 유지만 해 주면 특별할 것도 어려울 것도 없습니다. 게다가 식물도 생물이라서 일단 공간에 적응하고 나면 손이 덜 가고 잘 자라요. 어떻게 아냐고요? 새잎이 올라오니까요! 잎사귀들 사이로 공기가 통해야 식물들이 좋아하니까 잎이 무성해지면 이발도 좀 시켜주고요. 잎이 시들시들하거나 축 늘어지면 틀림없이 뭔가 문제가 있는 거예요.

그런데 자신을 두고 '식물 킬러'라고 칭하는 분들이 생각보다 많아서 놀랐어요. 물에만 꽂아 두어도 잘 자라는 식물인데 그래도 죽는다면, 가슴에 손을 얹고 혹시 자신이 너무 무관심하거나 게으른 것은 아닌지 생각해 봐야 해요. 그럴 리가 없거든요. 제가 지금 알려 드리는 식물 세 가지는 어떤 어둠의 손이라도 생명의 손으로 바꿔 줄, 절대 죽지 않는 애들이에요. 식물이 주는 건강한 행복을 함께 느끼고 싶어 강력하게 추천합니다.

죽이기도 쉽지 않은 실내 식물 삼총사

기억하세요. 스파티필룸, 스킨답서스, 홍콩야자는 절대 죽지 않습니다.

스파티필룸

NASA가 선정한 공기정화식물 10위에 링크된 식물이에요. 어디서든 잘 자라고, 이산화질소와 이산화황 등 휘발성 유기화합물 제거에 특히 좋다고 해요. 일반적인 실내 환경(16~25도)에서 잘 자라는데, 직사광선은 싫어해요. 최저 온도는 10도 이상 되어야 합니다. 봄·가을에는 4~5일에 한 번, 여름엔 3일에 한 번 정도 물을 주어야 하지만, 귀찮으면 그냥 뿌리째 물속에 꽂아 두어도 잘 자라요. 단, 포기나누기로 증식을 하니, 잎을 잘라서 물에 꽂아 주는 방식으로는 개체 수를 늘릴 수 없습니다.

**욕실에서 물 꽂이로 키우는 스파티필룸.
가끔 노랗게 변하는 잎만 제거해 주면 됩니다.**

욕실에도 공기정화식물이 필요해요.

스킨답서스

실내용 식물 가운데 가장 기르기 쉬운 식물을 단 하나 꼽으라면 스킨답서스입니다. 에피프렘눔(골든 포토스)이 학명이지만 꽃집에서는 '스킨답서스' 또는 '스킨'이라고 불려요. 얘는 정말 잘 자라요. 빛이 잘 들지 않는 주방이나 백화점 지하 같은 곳에서도 잘 자라는데, 심지어 아무 데나 잘라 물에 꽂아만 둬도 뿌리를 내리고 번식합니다. 그러면서도 일산화탄소, 이산화황, 이산화질소, 탄화수소 등을 잘 제거해, NASA 선정 공기정화식물 12위에 올라 있어요. 영상 10도 이상의 온도에서, 여름에는 물을 충분히 주고 겨울에는 조금 줄이는 편이 좋습니다.

아무 데나 잘라 물에 꽂아도 잘 자라는 스킨답서스.
키우는 재미가 쏠쏠한 식물이에요.

초록빛 식물들이 바꾼 욕실의 분위기.

홍콩야자

'쉐프렐라'라고도 불리는 홍콩야자는 잎을 솎아 물에 꽂기만 해도 뿌리를 내려 잘 번식하는 식물이에요. 증산작용이 활발해서 미세먼지와 폼알데하이드, 암모니아는 물론, 벽지나 장판의 유해가스 제거에도 효과가 있어요. 그래서 새집 집들이 선물로 많이 선택받지요. NASA 선정 공기정화식물 23위. 밝은 장소에서 잘 자라는데 특히 바람을 좋아해 통풍이 안 되는 곳에서는 좀 힘들어해요. 그래도 잘 자랍니다. 죽이기는 정말 힘들 거예요. 줄기에 공중 뿌리가 올라오곤 하는데, 그곳 아래를 잘라 물에 꽂으면 더욱 잘 자랍니다. 저도 2천 원짜리 포트 3개를 사다 심은 게 시작이었는데, 이제는 제법 울창해졌어요. 커피 한 잔 값으로 맑은 공기와 아름다움을 오래도록 느낄 수 있게 된 것이죠.

정리한 가지를 뿌리 내려 이만큼 키웠어요. 볼 때마다 예쁜 홍콩야자.

식물 관리에서 제일 중요한 것은 뿌리의 습도 조절이에요. 이것만은 꼭 기억하세요. '뿌리에는 일주일에 한 번 충분히 젖을 만큼 물을 준다.' 이를 염두에 두고 다시 물을 줄 때는 뿌리가 완전히 마른 뒤에 주세요. 집마다 환경이 다르니 일주일을 기준으로 관찰해 보세요. 뿌리가 계속 젖어 있으면 해충이 생기고, 썩기 쉬워요. 한 가지 팁을 주자면, 쌀뜨물을 뿌리에 주면 줄기가 촘촘해지고, 잎이 새파랗게 자랍니다. 잎에는 아침마다 분무해 주는 게 좋지만, 안 해도 큰일 나진 않아요.

이렇게 추천한 세 가지 식물은 공기정화 능력도 우수하면서 가격도 저렴하고, 무엇보다 잘 자라기 때문에 싱싱한 식물이 주는 일상의 행복까지 안겨주니 일석삼조라고 할 수 있어요.

컨디션 조절에 도움이 되는 실내 식물

실내에 식물이 많으면 무엇보다 컨디션이 훨씬 좋아져요. 앞서 소개한 국립원예특작원 가이드라인에 맞춰 평형에 맞는 적당량의 식물을 둔다면 실질적인 새집증후군 완화 효과를 볼 수 있습니다. 잘 자란 2, 3천 원짜리 포트 화분에 담긴 스파티필룸, 스킨답서스, 홍콩야자 3만 원어치면 실질적인 효과를 느낄 수 있죠.

안내에 따라 식물을 배치하고 공기청정기가 보조하는 저희 집에는 실외 초미세먼지 농도가 $100\mu g/m^3$를 넘어가는 우울한 날에도 $10\mu g/m^3$ 안팎의 공기가 유지됩니다. 공기청정기를 계속 돌리지 않아도 되고, 가습기도 따로 필요 없어요. 먼지가 덜 쌓이니 청소기를 매일 돌리지도 않고요. 전기 에너지를 덜 사용하니 가계부에 확실히 도움이 됩니다. 식물이 너무 많다고 끊임없이 민원을 제기하던 남편도 식물이 만드는 좋은 공기를 느끼고는 이제 식물이 더 필요하지 않으냐고 자꾸 묻습니다.

깊이 있는 사유가 엿보이는 책 《어바웃 해피니스》에서 저자인 스타일리스트 어맨다 탤벗Amanda Talbot은 만약 집 안에 실내용 화초가 하나도 없다면 당장 나가서 하나 사 오라고 합니다. 화초가 많으면 많을수록 기분도 좋아지고, 더욱 건강해진다고요. 저도 그렇게 믿어요. 살아 있는 식물들이 주는 건강한 에너지를 받고 있거든요. 매일 아침 식물에 분무하는 것으로 하루를 시작하고, 이를 일상에 행복을 더하는 나만의 의식으로 삼아보면 어떨까요? 사무실이나 책상 옆 좁고 긴 공간에서도 충분히 식물을 키울 수 있어요. 화분의 물이 넘치거나 물이 좀 튀면 어때요. 닦아주면 되지요!

식탁 위에 생기를 더하는 식물들.

2장

숲속같이 아름다운

플랜테리어

 우리 집이 숲이 된다면

07

감각 있는 화분 스타일링

식물이 1~2개라면 이를 어떻게 놓을지는 사실 고민거리가 되지 않아요. 대부분의 집에서는 거실 TV를 중심으로 왼쪽이나 오른쪽에 화분을 배치합니다. 아니면 TV 맞은편이나 소파 옆에 두는 것으로 간단히 해결하지요.

그런데 화분을 10개, 20개를 놓으려고 하면 '그걸 어디에 두지?' 하는 고민이 시작됩니다. 하물며 200개를 두려면 정말 많이 고민하게 됩니다. 어떻게 해야 할까요? 화분 200개를 그저 거실 바닥에 나란히 배치한다고 상상해 보세요. 발 디딜 틈도 없을뿐더러, 아름답게 느껴지지도 않을 거예요.

제가 인테리어 리모델링 일을 하던 시절, 다른 집을 방문할 일이 많았습니다. 어르신 댁에는 한결같이 베란다에 식물이 가득 차 있곤 했죠. 행운목, 남천, 군자란이 어르신들 집에서 가장 쉽게 볼 수 있는 3종 세트입니다. 그 시절 한창 유행했던 식물이었는지 세월의 흔적이 고스란히 남아 있어요. 하지만 그렇게 베란다를 가득 채울 만큼 많은 식물이 있어도 이를 보고 아름답다는 생각이 전혀 들지 않았어요. 왜 그럴까요?

앞서 말했듯 식물 배치에 통일, 비례, 균형, 대칭, 리듬감 같은 미학적 요소가 완전히 빠져 있어서였을 거예요. 제가 집에 화분을 200개까지 늘리며 가장 고민했던 건 관리의 문제가 아니었어요. 오히려 이들을 어떻게 하면 아름답게 배치할 수 있을까 하는 문제였죠. 그래서 작은 화단을 여러 개 만들어 그 문제를 해결했습니다. 여러 개의 화분으로 화단을 구성하는 것이 비례, 균형, 리듬감을 충족할 수 있는 좋은 방법이에요.

식물 스타일링에는 '통일, 비례, 균형, 대칭, 리듬감'을 반드시 기억하세요. 식물뿐 아니라 집 안에 들어갈 다양한 물건을 배치하는 데도 똑같이 적용할 수 있는 미학적 기준입니다. 똑같은 가구와 살림살이들을 이 다섯 가지 요소에 따라 배치만 다르게 해도 분위기가 180도 달라지는 걸 느낄 수 있을 거예요.

샌프란시스코 메이커스 호텔 내부 모습이에요.
중앙의 샹들리에를 중심으로 대형 관음죽을 양쪽에 배치해 대칭을 잡았어요.

통일, 한 가지 규칙을 정해 구현하기

　통일이란 제멋대로 들쭉날쭉한 살림살이들을 하나의 규칙에 따라 정리해 주는 것을 뜻해요. 제가 주로 활용하는 것은 컬러를 통일하는 방법입니다. 주방 살림의 경우 고무장갑, 도마, 행주, 수세미, 비누 같은 소품을 하나의 색상으로 통일해 주는 거지요. 오렌지색을 좋아한다면, 주방 소품은 무조건 오렌지색으로만 구매하는 거예요. 그러면 주방이 몰라보게 세련되어집니다. 책장에 꽂힌 책도 색상별로 정리해 주면 훨씬 아름다워요.

　공간별로 색상을 통일해 주는 것도 좋은 방법이에요. 안방 욕실은 그린, 공용 욕실은 그레이, 내 방은 블루 이렇게 색상으로 '톤&매너'를 잡아가는 것이죠. 색에도 파장이 있어 사람마다 좋아하는 색상이 달라요. 그러니 자신에게 맞는 색을 찬찬히 찾아가는 과정이 필요해요. 나만의 취향을 파악하고 완성하는 데는 시간과 비용, 노력이 들어갑니다.

　플랜테리어의 경우 화분의 색상을 통일해 줍니다. 화분의 소재로 변화를 주되, 색상은 화이트 톤이나 황토색 토분으로 통일해 주는 편이 보기에 좋아요.

비례, 덩어리 감으로 보기

'황금 비율'이라는 말을 들어보셨죠? 고대 그리스 때부터 사용한 1:1.618의 비율을 말하는데요, 그리스 신전이나 비너스 상도 이 비율을 따르고 있음을 알 수 있어요. 일상생활에서 이 비율을 정확하게 지키긴 어려우니, 실용적으로 1:2 또는 2:1 정도로 비율을 맞추면 보기에 편안합니다. 가구를 배치할 때도 높이나 양감을 비슷한 비율로 맞춰 보세요.

아파트일 경우, 바닥에서 천장까지의 높이가 보통 2,200~2,400mm 사이에 있어요. 조금 큰 화분을 놓고 싶을 때는 화분을 포함한 높이가 1,400~1,600mm인 화분을, 작은 화분을 놓고 싶을 때는 700~800mm 높이의 화분을 생각하면 됩니다. 비례가 대략 2:1, 1:2로 맞아 시선이 훨씬 편안하거든요.

식물이 자라면 어떻게 하냐고요? 자라면 당연히 크기가 달라지죠. 하지만 스타일링에 계속 관심을 가지고 관찰하다 보면 실력도 덩달아 자라니 너무 걱정하지 마세요. 스툴이나 화분대를 이용해서 변화를 주는 방법도 있거든요. 정답은 없으니 내가 하고 싶은 대로, 방법을 찾아가며 내게 좋은 에너지를 주는 그 지점을 찾으면 됩니다.

균형, 지나치지도 모자라지도 않은

균형은 어디엔 너무 많고 어디엔 너무 적거나 하지 않는, 적당하게 잘 어우러진 상태를 말합니다. 예를 들어, 10개의 화분을 공간에 배치해야 하는 숙제가 주어졌다면 가장 크고 아름다운 화분 1개는 거실에 두고, 남은 9개로는 작은 화단 2~3개를 구성해 보는 거예요. 큰 덩어리가 하나 있으면, 화분을 모아 작은 덩어리 여러 개를 만들어 균형을 잡습니다.

덩어리 감으로 균형을 조절하면 미적으로도 아름답고, 식물을 화단에 모아 놓으면 생장에도 큰 도움이 됩니다. 동선이 짧아지니 관리도 편하고요. 2L짜리 물 조리개를 들고 화단으로 갔을 때, 한 번에 물을 모두 줄 수 있을 만큼의 식물로 화단을 구성합니다. 한 번에 물도 주고 잎도 정리할 수 있게 습관을 들이면 많은 개수의 식물도 쉽게 관리할 수 있어요.

대칭, 정확함의 미 1:1

대칭은 비슷한 크기의 화분 2개가 있을 때 활용하면 좋은 기술입니다. 거실의 경우 소파를 기준으로 양쪽에 식물을 하나씩 배치하는 거예요. 비슷한 사이즈의 화분 2개를 양쪽에 세워 대칭을 잡으면 아름답게 느껴집니다. 그리스 신전에서 많이 볼 수 있는 형태죠. 호텔, 고급 레스토랑, 갤러리 같은 경우엔 대칭의 규칙을 엄격히 따릅니다.

김은미 작가의 작품을 중심으로 비슷한 양감을 가진 화분을 2개 놓아 대칭을 잡았어요. 똑같은 화분 2개는 지루해서, 다른 종류로 놓아 리듬감을 살렸어요.

저는 대칭에 따른 배치는 너무 단정하고 딱딱하게 여겨져 별로 좋아하지 않지만, 기억해 둬야 하는 스타일링 팁이에요. 대칭 기법을 쓸 때는 중앙을 중심으로 정확하게 1:1입니다. 단, 아파트 공간에서는 1:1:1이나 1:1:1:1은 지루하고 답답하게 느껴질 수 있어요. 저희 집의 경우 김은미 작가의 작품을 기준으로 왼쪽과 오른쪽에 대품의 아레카야자와 벵골 고무나무를 두어 대칭을 맞추었어요.

리듬감, 강 약 중강 약

리듬감은 '강 약 중강 약'으로 생각하면 이해하기 쉬워요. 스타일링의 마지막 단계에서 위트를 주는 것인데, 같은 종류의 식물이라도 크고 작은 크기를 리듬감 있게 배치해 정돈하는 것이죠. 한 화단 안에 강, 중, 약 세 가지 크기의 화분이 있고, 화단도 강, 중, 약 사이즈가 되는 거예요. 이런 식으로 공간을 따라 흘러가게 배치합니다. 말로 설명하니 어렵게 느껴지네요.

큰 화분들로만 화단을 구성하거나, 작은 화분들로만 화단을 구성하면 크기가 고만고만해 답답하게 보여요. 이럴 땐 큰 화분과 작은 화분을 섞어 적당한 덩어리 감을 줍니다. 저는 스툴을 많이 활용하는 편인데, 공기의 흐름을 막지 않으니 식물 호흡에도 도움이 됩니다. 대단히 예쁘지 않은 저렴한 스툴도 괜찮아요. 의자나 사다리를 응용할 수도 있죠.

 컬러만 통일해 주어도 스타일링은 멋지게 살아나요. 혹시 색상이 제각각 멋대로라면 예쁘지 않은 화분을 제일 뒤로 숨기고, 가장 마음에 드는 화분을 앞으로 꺼내 주세요. 식물의 잎이 예쁘지 않은 스툴이나 화분을 가려서 잘 보이지 않거든요. 높낮이에 변화를 주는 것만으로도 리듬감이 생겨요. 시선이 흐를 때 리듬감이 느껴져야 보기 좋습니다.

비슷한 양감으로 화단 2개를 만들어 균형을 잡고,
강 약 중강 약의 리듬감이 느껴지게 화분을 배치했어요.

살고 있는 집에 플랜테리어를 할 때는, 나와 우리 가족이 편안하고 아름답게 느낄 수 있는 지점을 찾는 것이 제일 중요해요. 정답을 굳이 찾는다면, 자신이 화분을 즐겁게 관리할 수 있으면서, 아름다움을 만끽할 수 있는 지점에 있을 겁니다. 단돈 만 원어치로 시작해 보는 겁니다. 처음부터 너무 잘 하려고 하면 절대 시작할 수 없어요. 자신이 초보라는 것을 인정하고, 일단 한 걸음 내딛는 것, 그게 중요해요.

08

공간에 어울리는 식물 배치하기

앞서 이야기했던 것처럼, 공간마다 어울리는 식물이 따로 있어요. 단지 식물의 외양뿐 아니라, 기능 측면에서도 집 안 곳곳에 필요한 식물은 각기 다르답니다.

현관

미세먼지를 관리하려면 현관을 집중적으로 공략해야 합니다. 현관문을 여닫을 때 미세먼지 유입이 많으니, 현관 앞 공기청정기 배치는 필수예요. 미세먼지를 빠르게 걸러주는 공기청정기와 음이온과 산소를 공급하는 식물의 협공이 필요해요. 집에 중문이 있으면 실내공기 관리에 큰 도움이 되겠죠.

　현관 앞에는 대기오염물질 제거 효과가 뛰어난 스파티필룸이나 벤저민 고무나무를 배치해 주세요. 스파티필룸은 볕이 들지 않아도 잘 자라고 부피가 크게 늘지 않아서 언제나 추천하는 식물입니다. 널찍하고 깊이가 있는 물통에 수경 재배하는 방법이 아주 좋아요. 장식용 돌을 담아두면 무거워서 잘 넘어지지 않고요.

Mini Tip 　추천 식물: 스파티필룸, 벤저민 고무나무 + 공기청정기

현관에는 폭이 넓고 깊은 물통에 수경 재배하는 스파티필룸을 두었어요.

주방

주방엔 음식을 조리하는 동안 알게 모르게 많은 연기가 배출됩니다. 고기를 구울 때 미세먼지 농도를 측정해 보면 금방 알 수 있지요. 따라서 전기레인지 사용을 추천해요. 조리 시 발생하는 일산화탄소와 음식 냄새 제거엔 스킨답서스가 제일 좋아요. 가스레인지 옆이라면, 불완전 연소물을 효과적으로 통제하는 벤저민 고무나무와 아이비를 추천해요.

수납공간이 부족한 주방에 식물 키우기는 부담스러운 게 사실이죠. 싱크대 앞쪽에 포켓을 걸 수 있다면 그 포켓에 스킨답서스를 키우는 것도 방법입니다. 이케아 카탈로그에서 자주 볼 수 있는 스타일링이에요. 높은 유리병, 낮은 유리병을 리듬감 있게 배치해 보세요. 부피가 큰 식물은 주방 동선에 자꾸 걸려서 저는 스킨답서스와 개운죽을 파티션 삼아서 키우고 있어요.

Mini Tip 추천 식물: 스킨답서스, 벤저민 고무나무, 아이비, 산호수, 스파티필룸, 개운죽

파티션 삼아 키우는 스킨답서스와 개운죽.

욕실

제가 제일 고민했던 공간이 욕실이에요. 습하고, 해도 잘 안 들고, 공간이 작지요. 그렇지만 또 악취는 많이 나잖아요. 공간의 특성상 암모니아 냄새 제거에 탁월하고 어두운 곳에서도 잘 자라는 식물을 선택하는 게 좋아요.

식물을 둘 데가 없다고요? 수건걸이는 어떨까요? 보통 길이가 60cm니까 세면용 수건을 쓴다면 공간이 20cm 정도 남거든요. 이 20cm 숨은 공간에 식물을 걸어두는 거예요. 유리병을 가죽끈으로 묶어 늘어뜨려도 멋스러워요. 또 양변기 옆이나 세면대 아래에도 데드 스페이스가 있어요.

이 공간에는 스킨답서스와 스파티필룸, 개운죽 물 꽂이가 좋습니다. 약간의 공간이 더 있다면 관음죽이나 앤슈리엄을 강력 추천합니다. 이 아이들이 암모니아를 흡수해 욕실 특유의 냄새를 제거하거든요. 좁은 공간일수록 식물의 효과를 빨리 느낄 수 있어요. 이렇게 식물들을 배치해두면 욕실이 숲 한가운데 있는 것처럼 느껴질 거예요.

Mini Tip 추천 식물: 스킨답서스, 스파티필룸, 개운죽, 관음죽, 앤슈리엄, 테이블야자, 맥문동

양변기 옆에는 스파티필룸을 물꽂이했어요.

숲 한가운데 있는 듯한 공용 욕실입니다.

침실

많은 사람이 알다시피 식물은 낮에는 호흡하며 이산화탄소를 산소로 바꿔 주지만, 밤에는 이산화탄소를 배출합니다. 하지만 그 양이 미미해서 주의할 필요까지는 없다고 해요. 생각해 보세요. 캠핑을 가면 숲속에 나무가 셀 수도 없을 만큼 많잖아요. 그래도 다음 날 아침, 아이들 얼굴이 뽀얗게 되는 걸 보면 나무는 일단 많을수록 건강에 도움이 되는 것 같아요.

밤에 산소를 배출하는 식물들도 있어요. 산세비에리아나 스투키 같은 선인장과의 식물들은 밤에 산소를 내뿜어 숙면을 돕습니다. 침실에는 이런 식물들로 배치하면 좋을 것 같아요. 개인적으로는 산세비에리아와 스투키 같은 잎의 모양을 좋아하지 않아서, 방 하나에는 아레카야자와 필로덴드론, 다른 방에는 떡갈나무, 홍콩야자, 벵골 고무나무, 또 다른 방에는 녹보수, 벵골 고무나무, 스투키를 배치했어요.

Mini Tip 추천 식물: 산세비에리아, 스투키, 싱고늄, 호접란, 아레카야자, 필로덴드론

거실

집 안에서 가장 자주 지나가고, 가족 모두가 제일 많이 사용하는 공간은 거실입니다. 앞서 말했듯, 거실의 식물이 집의 첫인상을 결정합니다. 그래서 거실에는 나무의 모양이 아름다운 아레카야자, 인도 고무나무, 떡갈나무 등을 추천하고 싶어요. 제가 실내 식물들을 통해 얻고자 하는 가장 큰 목적은 공기정화이지만, 아름답지 않으면 망설여져요. 그중 아레카야자와 인도 고무나무, 떡갈나무는 손도 별로 가지 않는 데다 생명력도 강하고, 인테리어 디자이너들의 편애를 받을 만큼 아름다워서 어느 공간에나 잘 어울립니다.

특색 있는 나뭇잎 모양을 즐기고 싶다면 아로우카리아도 추천해요. 공기정화식물 순위 30위. 뽀로롱 솟아나는 프로펠러 같은 잎새가 정말 귀여운 나무입니다. 마지나타도 잎이 재미있어 추천하고 싶어요. 벤저민 고무나무, 녹보수, 해피트리, 킹벤저민도 수형이 아름답고, 공기정화 능력이 뛰어납니다. 단 벌레가 종종 생기니 주의가 필요해요.

 추천 식물: 아레카야자, 인도 고무나무, 떡갈나무, 아로우카리아, 마지나타, 벤저민 고무나무, 녹보수, 해피트리, 킹벤저민

아로우카리아, 스킨답서스, 고무나무가 어우러진 거실 모습이에요.

아이 방

식물도 엠씨스퀘어처럼 사람 뇌의 알파파를 증가시켜 집중력을 강화해 줍니다. 알파파는 사람의 뇌가 안정되고 긴장이 풀렸을 때 나오는 뇌파의 한 종류인데요. 2010년 '색광을 통한 뇌파 변화 측정 연구'에서, 청색과 녹색빛을 본 사람의 뇌에서 알파파가 증가한다는 사실을 입증했다고 해요. 그러니 공부를 하는 아이들 방에 녹색 식물들을 채워준다면 알파파가 활성화돼 편안함을 느끼고 스트레스가 해소되어 기억력이 향상됩니다. 식물에서 발생하는 음이온의 효과도 대단해요. 미세먼지와 화학물질 등 각종 오염물질을 제거하고 피부와 호흡을 통해 몸속으로 들어가 신진대사를 촉진합니다. 음이온을 많이 발생하는 식물로는 산호수, 필로덴드론, 팔손이, 스파티필룸 등이 있어요.

만약 방이 작아서 식물 놓을 곳이 없어 고민이라면, 책장을 공략해 보세요. 다 읽은 책을 반만 덜어내고 식물로 채워도 아이들에게 필요한 산소와 음이온을 충분히 공급할 수 있을 거예요. 구멍이 없는 화분에 작은 화분을 담아서 키우면 벌레도 잘 생기지 않고 물도 새지 않아요. 아이가 4세 이상이라면 눈높이 위치에 식물을 배치해 주세요. 정서적으로 큰 도움이 된답니다.

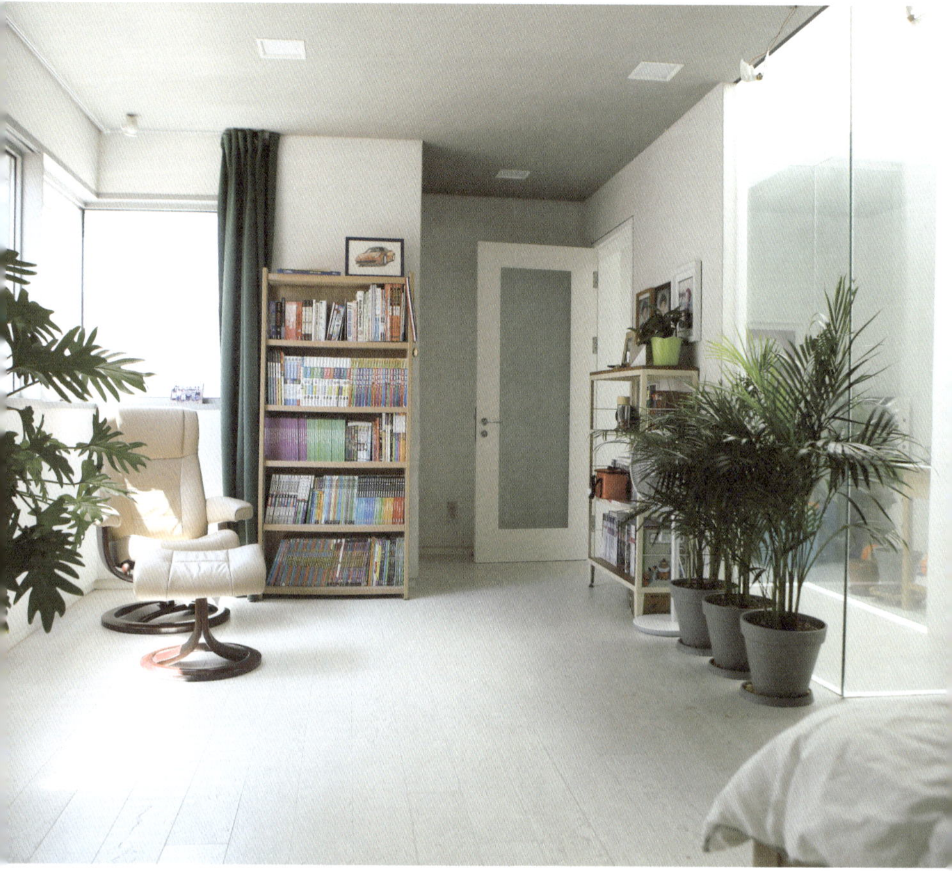

아이의 시선이 닿는 곳마다 식물을 배치해 편안하게 집중할 수 있는 공간으로 만들었어요.

Mini Tip

추천 식물: 필로덴드론, 팔손이, 스파티필룸, 산호수, 산세비에리아, 파키라, 로즈메리

실제로 실내 공기정화 효과를 보려면, 최소한 실내 공간의 5%를 식물로 채워야 한대요. 식물이 공간의 5~10%를 차지하면 여름철 실내 온도도 2~3도 낮추고, 겨울철에는 그만큼의 온도를 높여요. 산소와 함께 수분도 배출하니 습도 조절에도 탁월하죠. 겨울철에도 식물이 방 면적의 2~5%를 차지하면 습도가 5~10%, 3~10%일 경우엔 20~30% 정도의 습도를 끌어올린다고 해요.

09

식물이 살려낸 죽은 공간들

작년 가을, 오래 방치되어 있던 선큰 공간을 살려 보리라 마음 먹었어요. '미세먼지가 자욱한데 피크닉이 웬 말이야' 하는 냉소적인 태도를 버리고, '잠시 잠깐 좋은 공기일 때라도 충분히 즐기자'라고 생각을 전환한 거죠. 매사에 긍정적인 태도를 갖는 게 좋아요. 일단 기분이 좋아야 무엇이든 하고 싶은 에너지가 생기니까요.

외면해왔던 선큰에는 그사이 회색 벽돌이 깔린 바닥에 낀 이끼가 두꺼워지고 있었어요. 물을 뿌려 불리니 시궁창 냄새 같은 게 나지 뭐예요. 이런 건 피해갈 방법이 없습니다. 정면 돌파! 아들과 둘이 솔을 들고 락스를 몇 방울 떨어뜨린 후 이끼를 박박 벗겨냈어요. 우리 손이 지나가는 자리마다 벗겨진 이끼 사이로 본디 색깔의 벽돌이 얼굴을 내밀었죠.

벽돌 사이사이를 솔질해야 하는 고된 청소였지만, 이끼가 모두 벗겨지고 나니 성취감이 굉장했어요. 악취 대신 뽀송뽀송한 햇빛 냄새가 가득 찬 공간. 요즘에도 선큰에 나갈 때마다 아들은 "엄마, 이거 우리가 청소했지" 하며 뿌듯해합니다.

뽀얗게 단장한 선큰은 '여기서 무엇이든 좀 해 줘요'라며 나를 바라보는 것 같았어요. 뭐가 좋을까. 스튜디오 책상에 앉아 고개를 들면 바로 보이는 공간이라서 나무가 나란히 있으면 좋겠는데. 사계절 실외에서 잘 자랄 수 있는 측백나무라면 괜찮을 것 같았죠. 화단을 만들까, 화분에 심을까 고민하다가 마음이 바뀌면 위치를 옮길 수 있는 화분에 심기로 했어요.

측백나무를 수배하는데, 경기도 여주에 있는 농장에 좋은 나무가 있다는 정보가 들어왔어요. 화물차로 배송받는 방법도 있는데 실물을 봐야 마음이 놓이는 성격이라 여주까지 갔지요. 다행히 나무 모양이 좋아서 마음에 들어 차에 싣고 오는데, 나무만 오는 게 아니라 나무에 딸린 무당벌레, 거미, 개미가 다 같이 한꺼번에 이사 오지 뭐예요.

자연이 좋다며 호기롭게 산속에서 살자던 아들은 나무에서 거미가 또르륵 줄 타고 내려오니 무섭다고 울더라고요. 가던 차 멈추고 자리를 바꿔 앉고 다시 출발했습니다. 덕분에 나중에 떠올릴 추억 한 자락이 생겼어요. 이 나무를 볼 때마다 무당벌레, 개미, 거미를 싣고 달구지처럼 덜컹거리며 차를 타고 오던 그 순간이 떠올라요.

측백나무들이 살린 선큰

나무에는 초록색과 선명한 대비를 주는 흰색 화분이 예쁩니다. 하지만 실외에서 키우려니 흙먼지 관리가 힘들 것 같아, 흙 색깔과 비슷한 둥근 화분을 사다가 6그루의 나무를 심었어요. 가족의 도움 없이는 힘든 일이었지요.

혼자서 나무를 심으려고 하면 나무가 화분 중심에 서지 않아서 삐딱해지기 쉽거든요. 화분 하나에 50L짜리 흙이 두 봉지나 들어가는 일이라 꽤 힘들었지만, 남편이 적극적으로 도와준 덕분에 얼른 마무리할 수 있었습니다. 분갈이를 많이 해 본 남편 솜씨는 이제 꽤 숙련된 조교 같아요.

측백나무 6그루, 파릇파릇한 모습을 볼 때마다 기분 좋습니다.

남편과 아들의 수고에 힘입어 측백나무를 예쁜 화분에 심고, 깨끗한 선큰에 조르륵 세우니 정말 마음에 들었어요. 이사를 하고 1년이 넘도록 잘 나가보지도 않았던 공간인데, 새파랗게 빛나는 측백나무가 있으니 자꾸 밖에 나가게 됩니다. 나무 몇 그루 가져다 놓았다고 자꾸 나가고 싶으니, 참 신기하지요. 식물은 죽은 공간을 살리는 힘이 있어요. 내친김에 잘 어울리는 캠핑 테이블과 의자도 가져다 놓아야겠어요.

　측백나무 6그루가 살려 준 공간을 보며, 식물의 힘을 다시 한번 느꼈습니다. 자신을 대단히 객관적이라고 말하는 남편은 옆에서 "그걸로 되겠어?" 했지만, 나무가 나란히 있는 걸 보고 "이쁘네"라고 해요. 뭐든 해 보지 않으면 결국 모르잖아요. 인생은 한 번뿐인데, 저는 제 마음과 생각에 빼곡한 나이테를 그리고 싶어요. 실패도 성공도 지나고 나면 그저 하나의 경험일 뿐이잖아요. 나무는 그런 저에게 너무 좌절할 필요도, 너무 기뻐할 필요도 없다고 말해 줍니다.

집 안에 숨은 데드 스페이스 찾기

　창문과 벽이 만나는 코너는 발길이 닿지 않아 식물을 두기 참 좋은 장소예요. 창 앞쪽 공간에는 무조건 식물을 둔다고 생각해도 좋습니다. 화분 사이즈는 동선을 해치지 않는 지름 30cm 안쪽으로 선택하세요. 벽에 가깝게 배치하고, 가끔 화분 방향을 돌려주면 식물이 반듯하게 자랍니다.

화장대 위나 책상 앞에는 작은 유리병에 아이비같이 잎이 작고 날씬한 식물을 꽂아 주면 동선을 막지 않으면서도 초록을 오래 즐길 수 있어요. 유리병 여러 개를 묶어 나란히 연출하는 것도 방법이에요. 식물을 다듬고 남은 잎들을 물에 꽂아 두면 새롭게 뿌리가 나기도 한답니다.

선인장과 소품을 함께 배치하면 늘 기분 좋은 공간으로 바뀝니다.

책장도 식물이 자라기 좋은 장소에요. 책장에는 스킨답서스를 추천합니다. 빛이 좀 덜 들어도 잘 자라고, 길게 자라나는 스킨답서스를 커튼처럼 연출하면 재미있어요. 혹시 물고기를 좋아한다면, 어항에 물고기와 스킨답서스를 같이 키우는 것도 생각해 보세요. 어항 위쪽 벽에 낚싯줄로 그물을 쳐 산소 탱크 벽을 만들 수 있거든요.

현관 앞 신발장 위도 식물로 살려 보세요. 작은 식물이든, 큰 나무이든 식물은 많을수록 좋습니다. 신발장 위에 차 키 등을 보관하는 예쁜 트레이를 놓고, 작은 선인장이나 다육식물을 함께 디스플레이하면 늘 기분 좋은 에너지를 받을 수 있는 공간으로 되살아납니다.

10

같은 값이면 다홍 화분

어떤 식물은 두더지 게임에서 튀어나오는 두더지처럼 우연한 기회에 만나게 됩니다. 그럴 땐 반사적으로 두더지를 때려잡듯 재빨리 낚아채야 해요. 외출했다가 길을 잘못 들어 금토동을 지나는 길이었어요. 높고 번쩍이고 차가운 판교 테크노밸리와 대조적으로, 낮고 넓게 늘어선 비닐하우스가 보이더라고요. '○○농장, △△화원, 팔손이, 허브 전문' 같은 팻말이 보이는데, 심상치 않습니다. 오늘 이곳에서 누군가를 만나겠구나 하는 강렬한 느낌.

비닐하우스 대부분은 문이 잠겨 있었어요. 그래도 느낌이 오는데 그냥 물러설 수는 없어서, 전화번호가 적힌 비닐하우스에 전화를 걸었어요. 어떤 사장님은 성남에 있는 화원에, 어떤 사장님은 먼 곳에 있다며 내일 오라고 하시는데 응답이 없는 전화번호가 부지기수예요. 전화를 열 통쯤 걸었을까. 드디어 근처에 계신 사장님과 연결이 되었습니다. 비닐하우스 앞에 서서 기다리니 허리가 꼬부라진 할머니께서 일행 한 명과 함께 나오셨어요.

비닐하우스 농장에 들어서니 추운 겨울 난방을 위해 켜둔 연탄난로들이 곳곳에 있어 매캐한 냄새가 풍겼어요. 연기가 가득 찬 비닐하우스는 이곳이 이승인지 저승인지 헷갈릴 만큼 음산했어요. 그래도 다른 이들의 발길이 덜 닿은 곳일수록, 보물을 발견할 확률이 높은 걸 알지요. 팔손이가 가득하고, 한 동에는 이름 모르는 나무가 가득한데, 저쪽에서 강렬한 포스를 뿜고 있는, 마치 '남산 위의 저 소나무' 같은 기품이 서린 나무가 눈에 들어왔어요.

"쟤는 얼마예요?"
"쟤는 10만 원은 줘야지."
"비싸요."
"원래 비싼 나무여."

이런 농장에서는 내가 스스로 옮기고, 분갈이하고, 잔손질을 해야 하는 대신 공장도가(=농장도가)에 식물을 살 수 있어요. 하지만 할머니는 김영란법의 여파로 대형 화분이 전혀 나가지 않는다

농장 속 제 눈길을 사로잡았던 금송.

우리 집에 온 나무는
조금 더 날씬한 나무입니다.

고 푸념하시면서 결국 한 푼도 깎아주지 않으셨어요. 사실 흥정할 것도 없어요. 이미 제 마음은 금송에 넘어갔는걸요. 벌써 제 머릿속에서는 이 금송을 어디에 놓을지, 어떻게 꾸밀지 다양한 레이아웃이 핑핑 돌아가고 있었죠.

나무를 SUV 차량에 간신히 싣고 돌아오니 그제야 정신이 좀 드는 것 같았죠. 제가 도대체 어떤 나무를 사 온 걸까요? 궁금해서 인터넷 카페에 사진을 올리고, "금송 10만 원, 바가지인가요?"라고 물었어요. 그 정도 크기의 금송은 40만 원은 줘야 하는 귀한 나무라는 댓글이 달립니다. 득템!

첫날밤을 보내고 일어났는데, 징그러운 민달팽이가 거실 바닥을 기어 다닙니다. 민달팽이쯤이야. 맥주를 담은 그릇을 화분 근처에 두면 밤사이 스스로 와서 풍덩 빠집니다. 민달팽이 퇴치법이에요. 그리고 EM 용액®을 탄 물을 식물의 뿌리가 젖을 만큼 듬뿍 주면 되지요. 또 하룻밤 자면, 몇 마리의 그리마도 화분 받침에 함께 빠져 있을 거예요. 그러니 실내에서도 꼭 슬리퍼를 신고 다녀야 해요. 식물이 많은 곳에는 당연히 벌레가 있습니다. 해충이 아니라면 너그러워지자 생각해요.

Mini Tip

● EM 용액

EMeffective micro-organism이란 단어 그대로 유용한 미생물을 뜻하는데, EM 용액에는 주로 효모, 유산균, 누룩 균, 광합성 세균, 방선균 등 80여 종의 미생물들이 들어 있어요. 인류는 오래전부터 이러한 미생물들을 식품의 발효 등에 이용해왔죠. 악취 제거, 수질 정화, 금속과 식품의 산화 방지, 남은 음식물 발효 등에 탁월한 효과가 있답니다. 화분에 뿌려 주면 토양이 좋아지고 식물의 성장이 촉진됩니다.

숨길 수 없으면 과감하게 드러내라

나무를 처음 집으로 데려오면 분갈이하고 싶은 마음이 근질근질해도, 참는 편이 좋습니다. 나무도 생물이라 달라진 환경에 적응할 시간이 필요하거든요. 우리에게도 새로운 식구가 잘 적응하는지 지켜볼 시간이 필요하고요. 분갈이는 나무가 몸살이 나는 힘든 일이니, 환경 변수를 제어한 뒤에 하는 편이 식물의 건강에 좋아요. 그 얘기를 미학적 관점에서 풀면, 예쁘지 않은 까맣고 큰 화분을 그저 지켜봐야 한다는 얘기가 됩니다. 시선에 자꾸 걸리니 보는 것 자체가 괴롭지요.

방법이 없습니다. 숨길 수 없으면 과감하게 드러낼 것. 이는 인테리어의 고급 전략이에요. 저는 금송을 처음 데려온 날, 까만 화분을 숨기지 않고 오히려 화분에 큼지막한 노란색 도트를 붙여 과감하게 드러냈어요. 늘 저에게 긍정 에너지를 주는 샛노란색 팬톤Pantone 컬러 넘버 123 필름지로 지름 10cm짜리 동그라미를 만들었지요. 화분에만 붙이니 뜬금없게 느껴져, 벽면에도 몇 개 더 붙여 라인을 빼 주니 훨씬 나았어요. 화분을 덮는 바구니나 페이퍼 백도 훌륭한 플랜테리어 아이템이 됩니다. 넉넉한 크기를 골라서 통풍이 잘 되게 해야 한다는 것만 잊지 마세요.

노란 팬톤 넘버 123!
도트는 이번 시즌 유행 아이템이기도 해요.

플라스틱 화분을 가리는 훌륭한 페이퍼 백들.

식물이 환경에 잘 적응했다면 분갈이해야죠! 검은색 화분을 버리고 자기 얼굴에 맞는 화분으로 바꿔 주면 인물 납니다. '같은 값이면 다홍치마'라고 기왕이면 다홍 화분이에요. 보기에 좋은 화분이 감성지수도 높여주니까요. 식물이 많을 때는 화분의 색상을 통일하는 것이 인테리어에 큰 도움이 됩니다. 흰색이나 밝은 그레이 화분이 대부분의 식물과 잘 어울려요. 다만 경험상 도자기처럼 반짝이는 소재에, 형태가 긴 화분으로는 식물을 키우기 힘들었습니다. 실내에서 살아남은 아이가 거의 없을 정도로요. 찾기 어렵지만, 하얀색 흙으로 만든 토분이라면 예쁘고 식물도 숨쉬기 편해 오래 살 것 같아요.

화분 커버를 씌울 땐 공간을 넉넉하게 남겨야 해요.

공간에 충분한 여유가 있어야 바람이 통해 식물이 건강해요.

실내에서 쓰기 좋은 화분들

마음껏 분무해줄 수 있고 화분에서 물이 바로 빠져도 괜찮은 베란다에서는 어떤 화분을 선택하든 크게 상관이 없어요. 다만 실내에서는 화분에서 흘러넘친 물을 모두 닦아 주기가 힘들죠. 예쁜 화분을 선택해서 직접 그 수고를 감내하겠다고 마음먹어도, 마루 사이에 스며든 물까지 닦을 수는 없거든요. 마루 틈새에 물이 스며들면 마루가 금세 상합니다. 또 물이 시원하게 빠지지 않으니 식물들도 힘들어하고요.

실내에서는 식물이 마음껏 숨 쉴 수 있는 토분이 압도적으로 유리합니다. 매번 실패하던 로즈메리와 라벤더, 유칼립투스가 이번에는 겨울을 넘기고도 잘 자랐습니다. 이유가 무엇이었을까 곰곰이 생각해 보니, 토분으로 옮겨준 거 말고는 다른 이유가 없어요. 늘 해가 제일 잘 드는 곳, 똑같은 자리에서 비슷하게 물을 주며 동일한 조건으로 키웠거든요. 그러니 통풍이 잘 돼 뿌리가 숨을 쉴 수 있는 화분을 고르세요. 예민한 허브도 토분에 심으면 실내에서 키울 수 있습니다.

단, 식물의 크기가 1m가 넘는다면 꼭 토분이 아닌 화분이어도 괜찮습니다. 그쯤 자라면 식물의 무게도 상당히 무거워서, 화분까지 무게가 나가는 토분을 쓰기에는 부담스러워요. 너무 무거우면 옮기고 싶을 때나 분갈이할 때 힘드니까요. 이미 뿌리가 튼튼하게 자란 식물은 화분의 모양과 종류를 고를 때 조금 더 자유로울 수 있습니다. 저의 경우 작은 식물은 토분에, 큰 식물은 플라스틱 화분에 키워요. 큰 화분의 경우 아래로 갈수록 넓어지는 형태보다 아래로 갈수록 좁아지는 형태가 통풍이 더 잘 되는 것 같고요. 긴 화분보다는 짧고 넓은 화분이 통풍에 유리해, 식물들이 훨씬 좋아합니다.

토분에서 마음껏 숨 쉬며 성장하고 있는 스킨답서스.

11

자신이 없다면 물 꽂이부터

'물 꽂이'라는 말 자체가 낯설던 시절엔, 식물을 뿌리째 물에 꽂으라는 건지 잎만 잘라서 넣으라는 건지, 가지를 잘라 넣으라는 건지 도통 모르겠더라고요. 물 꽂이란 물이 담긴 병이나 화분에 식물을 꽂아 주는 그 행위를 말하는 거예요. 그런데 '뿌리는 흙에서 자라는 건데, 물에 꽂아도 될까? 식물이 일 년 내내 물속에 담겨 있어도 괜찮을까?' 하는 의문이 생겼어요. 혹여 식물이 질식할까 봐 늘 걱정이 됐죠.

식물 관련 책을 보면 '물 꽂이를 해도 잘 자란다'라고 쓰여 있는 식물들이 있어요. 그런데 이 식물들이 또 물이 잘 빠지는 흙을 좋아한다는 거예요. 습하기로는 물에 꽂으나 축축한 흙에 있으나

다를 바 없어 보이는데, 왜 그럴까요? 좀 혼란스러웠습니다. 그런데 키워 보니까 알겠더군요.

물에 꽂아 둔 식물에는 벌레가 잘 생기지 않아요. 그런데 축축한 흙에서는 온갖 생명체가 태어나 돌아다닙니다. 습한 것을 좋아하는 벌레는 다양해요. 작은 파리처럼 날아다니는 까만색 뿌리파리, 공 벌레, 먼지다듬이, 그리마 등. 흙에는 식물에 해로운 벌레들이 침공하기 때문에 건조한 컨디션을 유지하는 편이 좋은 겁니다. 차라리 건조한 환경은 견디는데, 습도가 과하면 식물이 죽는 경우가 많거든요.

화분을 들었을 때 허둥지둥 달아나는 벌레 떼를 보고 싶지 않다면, 통풍이 가능한 환경을 만들어 주세요. 화분 받침 위에 돌을 깔고 그 위에 화분을 올려 두면 통풍이 잘 돼요. 화분 받침과 바닥 사이에는 스툴이나 받침대를 써서 공간을 띄워 줄 수도 있죠. 물론 큰 화분일 경우에는 예쁘지 않아도 어쩔 수 없이 물 빠지는 화분 받침대를 써야 해요. 통풍만 잘해 줘도 흙에서 사는 벌레는 대부분 사라진답니다. 물을 줄 때 EM 용액을 타서 주는 것도 흙을 건강하게 유지하는 비결입니다. 추측이지만, 벌레들은 EM 용액의 신 냄새를 싫어하는 것 같아요.

Mini Tip

● 식물에 생기기 쉬운 벌레와 퇴치법

화분을 늘려가다 보면, 꽤 많은 벌레를 목격하게 됩니다. 고작 1mm 정도로 작은 오렌지빛의 개각충은 깍지벌레라고도 불리는데요. 식물의 잎 위나 땅속줄기에 붙어 즙을 빨아 먹어요. 거미줄 같은 실을 뽑는 응애mite, 어둡고 습한 환경에서 많이 발생하는 뿌리 파리, 책벌레라고 불리는 먼지다듬이, 쥐며느리와 닮은 공 벌레나 지네처럼 생긴 그리마 등도 자주 목격됩니다.

식물에 벌레는 왜 생기는 걸까요? 주로 식물이 건강하지 못할 때 많이 생겨요. 물 관리가 잘 안 되거나 충분히 햇빛을 못 받거나, 온도에 문제가 있어서 주로 식물의 뿌리가 망가졌을 때, 건강 상태가 잎으로 나타납니다.

물론 건강한 식물에도 깍지벌레 같은 게 생길 수 있어요. 다만 아주 어린 새싹에 생기는 경우가 많아요. 식물이 건강할 때는 살충제로 쉽게 박멸할 수 있지만, 식물이 건강하지 않을 땐 쉽게 제거하기 힘듭니다. 벌레들이 잎뿐 아니라 뿌리에도 생기기 때문이죠. 벌레들은 식물의 수액을 빨아 먹기 위해 주로 새잎을 공격하고 기존 잎 뒷면에 붙어 수액을 빨기도 합니다.

과습이 원인이라면 물을 적게 주고, 햇빛이 부족한 곳에 있었다면 보다 충분히 빛을 받을 수 있는 밝고 통풍이 잘 되는 곳으로 이동시켜서 체력을 회복시키는 것이 우선입니다. 그 이후 살충제를 칩니다. 5~7일 간격으로 세 번 정도 쳐야 알까지 제거할 수 있어요. 살충제를 도포할 때는 식물 전체, 뿌리 부분까지 충분히 뿌려 주세요. 가정이나 사무실에서도 사용할 수 있는 다목적 친환경 살충제를 구입하면 됩니다. 저에겐 실내공기가 매우 중요하기 때문에 살충제를 써야 할 때는 꼭 화분을 밖으로 옮겨서 뿌리곤 합니다.

대부분 식물은 물 꽂이로도 잘 자랍니다. 스킨답서스, 스파티필룸은 물론이요, 개운죽, 대나무야자, 드라세나, 홍콩야자, 아이비 등도 별 탈 없이 물에서 잘 자라요.

뿌리를 내려 소품으로 키우는 것도 아주 재미있답니다. 작고 귀여운 유리병에는 가지치기한 잎을 넣어 키우고, 조금 더 큰 유리 실린더에는 스킨답서스, 스파티필룸 포트를 넣어 키우기도 해요. 뿌리가 바닥으로 쭉 내려가 똬리를 틀며 자라나는 걸 보면 살아갈 에너지가 생깁니다.

가지치기한 식물을 한데 넣어 물 꽂이해 주었어요.

입구가 좁고 가늘며 기다란 병에는 가늘고 긴 줄기 형태의 식물을 담으면 보기에 좋아요. 개운죽처럼 날씬하고 길게 자라는 식물이 대표적이죠. 뚱뚱한 실린더에는 넓게 퍼지는 식물이 잘 어울려요. 스킨답서스처럼 부피감이 있는 식물이 낮고 뚱뚱한 화분에 잘 어울립니다. 예쁜 음료수병에는 작은 마지나타의 잎을 잘라 꽂았어요. 줄기가 상한 개운죽은 그냥 버리지 않고, 새잎을 따로 잘라서 뿌리 내리게 하면 화분에 다시 심을 수 있어요.

크기가 작은 병에는 자그마한 잎을 가진 식물을 꽂는 게 어울려요.

물 꽂이를 할 경우 식물 뿌리에 붙은 흙을 깨끗하게 제거한 후 뿌리가 잘 보이게 키우는 것이 좋은데, 자칫 흙을 하수구에 씻어 보내면 막힐 수 있으니 조심해야 해요. 흙은 잘 걷어 말려서 휴지통에 버리세요. 이것저것 다 귀찮을 때는 뿌리에 흙이 있는 채로 유리 볼에 넣어도 괜찮아요. 조금 덜 좋아 보여도 잘 자랍니다.

초보자라면 물 꽂이부터 시작하세요

식물을 키우고 싶은데, 선뜻 용기가 나지 않을 때 처음 시도하기 좋은 방법이 바로 물 꽂이예요. 주방에서 쓰지 않는 그릇, 컵, 2L 페트병도 좋아요. 스킨답서스 한 포트를 사서 꽂아 화장대 앞에 두는 겁니다. 식물을 키울 곳이 없다고 해도 10×10cm 정도의 작은 면적은 있어요. 욕실 양변기 위도 살릴 수 있는 좋은 공간입니다. 식물은 꼭 바닥에 두어야 한다는 고정관념만 버리면 세면대 위나 침대 머리맡 등 많은 장소를 찾을 수 있어요.

천장에 매달 수도 있고, 욕실 수건걸이에 끈으로 묶어둘 수 있으며, 도저히 둘 데가 없다 싶을 때는 창문에 페트병 화분을 OPP 테이프로 그냥 붙여도 됩니다. 요즘엔 음료수병도 예쁜 것들이 많아 쏠쏠한 소품이 돼요. 최근 마트에 독일산 음료수들이 많이 보이는데 디자인이 훌륭해서 음료를 비운 후 화병으로 쓰기도 해요. 설탕이 많이 들어가는 음료는 잘 사지 않는 편인데, 독일산 음료수병은 디자인이 훌륭해 몇 병 샀답니다.

조금 더 아름다운 물 꽂이를 해 보고 싶다면 실린더 형태의 유리병을 골라보세요. 화병으로 사용할 수 있으니 활용도가 큽니다. 다만 무게 중심이 위에 있어 잘 넘어지는 좁고 긴 유리병이라면 동선 바깥에 놓아주세요.

아이가 아직 어리거나 애완동물을 키우고 있다면, 유리가 깨질 때 특히 위험할 수 있어요. 이런 상황이라면 페트병과 화분 커버 조합을 추천합니다. 먼저 페트병을 적당한 길이로 자르고 자른 단면을 테이프로 감싸 주세요. 물에 젖은 손으로 무심결에 만졌다가 날카로운 단면에 피부가 찢길 수 있거든요. 이렇게 만든 병 2개를 나란히 묶으면 웬만한 충격에도 잘 쓰러지지 않아요. 거기다 화분 커버를 씌워 주면 감쪽같습니다.

물 꽂이 화분이 많으면 집 안 습도 조절에도 큰 도움이 됩니다. 겨우내 가습기가 필요 없어요. 가습기가 일상생활에서 사라지고 나면, 이를 매일 닦고 물을 채우는 것이 얼마나 큰일이었는지, 새삼 느끼게 될 거예요. 전기를 사용하지 않으니 지구에도 당당하고요. 단, 여름철에는 물 꽂이한 물이 쉽게 미끄덩해지니 2~3일마다 물을 바꿔 줘야 해요. 그러니 물 꽂이는 가을부터 겨울까지 적합한 방법이라 할 수 있겠어요.

   여름에는 습도가 높아, 식물을 흙으로 옮겨 심어 주면 좋은데 꼭 그래야 하는 것은 아닙니다. 저는 뿌리의 아름다움까지 즐길 수 있는 물 꽂이를 좋아해요. 잎뿐 아니라 뿌리의 성장을 함께 관찰할 수 있으니 안 쓰는 유리그릇을 꺼내 보세요. 추억이 담긴 그릇이라면 볼 때마다 마음을 찰랑찰랑 채우는 에너지를 줄 거예요.

식물 곁의 소품은 컬러가 같은 것끼리 모아 장식해 주세요.
공간을 살리는 간단한 팁입니다.

12

사랑받은 식물은 반짝거려요

오랜만에 만나게 될 친구들과의 수다를 기대하며 잔뜩 들떠 있던 날이었어요. 아이를 키우느라 몇 년 동안 대화다운 대화를 못 나누었거든요. 한 달 전부터 약속을 잡고 이날을 손꼽아 기다렸죠. 지난번 추천한 레스토랑에 친구들 모두 좋다며 호응해줘서 예약까지 했습니다. 음식도 맛있고 가격도 아주 좋아서 손님을 대접해야 할 때 자주 가는 숨겨 둔 맛집이에요.

셰프가 직접 굽는 식전 빵, 브로콜리 수프, 소시지 2개, 스테이크 한 조각, 감자튀김, 루콜라 샌드위치, 커피를 포함한 메뉴가 1인 1만 5천 원이에요. 파스타도 모두 맛있어서 어떤 메뉴를 골라도 만족스럽게 먹을 수 있는, 안전한 맛집. 어떤 분을 모셔도 부담 없이 맛있는 한 끼를 공유할 수 있지요. 분당 지역 카드이용액 1위라는 신문 기사를 보고 찾아가 조용히 단골이 되었답니다.

한 상 차림인데, 커피값을 기준으로 보면 너무 저렴하게 느껴질 만큼 품질도 세팅도 나무랄 데 없어요. 나무 테이블과 나무 손잡이의 식기류는 편안하고, 창밖으로 보이는 운중천 전망도 좋아요. 이 집의 유일한 단점이라면, 항상 만석이라 동행인과 대화를 하려면 목소리의 데시벨을 한껏 올려야 한다는 것. 목소리가 작은 저에겐 그 점이 조금 부담스럽습니다.

애정을 갖고 자주 가는 레스토랑인데, 친구들을 만나게 된 그날, 제 맞은편에 있는 측백나무 한 그루가 죽어가고 있는 걸 보았어요. 잎들이 진한 붉은빛이 도는 갈색으로 말라가고 있었는데, 꼭 바퀴벌레의 사체를 보는 것처럼 흉물스러웠어요. 생명을 잃은 나무의 섬뜩한 느낌에 기를 빼앗겨, 세 시간이나 머물렀던 그곳에서의 즐거운 대화들이 하나도 기억나지 않아요. 오로지 빨간 갈색, 바퀴벌레 등껍질 색상의 그 나무만 머릿속에 남았어요.

비슷한 경험이 떠오릅니다. 리듬감 있고 화려한 색감이 특징인 김은미 작가의 개인전을 보러 압구정에 갔다가 근처에서 브런치를 먹게 되었어요. 인터넷 평도 괜찮고, 인테리어도 좋아 망설이지 않고 들어갔죠. 그런데 2층 식당에 올라가는 순간, 얼어서 죽어가고 있는 식물들이 눈에 들어오는 거예요. 나갈까 말까 망설이다가 너무 춥기도 하고 가족 모두를 움직이게 하는 게 미안해서 그냥 토스트와 오믈렛을 주문했어요. 하지만 겨우 한 입을 먹고는 더 이상 먹고 싶지 않았어요.

히터가 돌아가고 있었지만 냉기가 느껴지는 실내라 음식이 빠르게 식었고, 플레이팅은 화려했지만 달고 기름져 입에 당기지 않더라고요. 이미 말라비틀어진 식물들을 보고 입맛이 사라졌는지도 모릅니다. 밤새 난방을 할 수는 없더라도 퇴근하며 식물에 담요라도 덮어 주었다면 죽기까지 했을까 싶었어요.

식물이 싱싱하게 살아 있던 논현동 카페, 고트레.

하루에 한 번도 아니고 가끔 한 번씩만 물을 주면 현상 유지가 되는 식물도 저렇게 형편없이 관리하는데, 매일 엄격하게 검수해야 하는 식재료는 잘 관리하고 있는 걸까 싶었어요. 그렇다 보니 식사 자체에 대한 만족도가 떨어졌습니다.

싱싱한 식물을 많이 보고 싶어요

식사 만족도에는 식사 장소의 환경 및 서비스도 한몫합니다. 생명 유지를 위해 밥 한 끼 먹으러 온 사람들 앞에 죽은 생명이 놓여 있는 건 아무리 긍정적으로 이해하려고 해도 너그러워지지 않아요. 신선하지 않은 식재료가 함께 연상되다 보니, 결국 맛있는 음식의 기억은 지워지고, 같이 있었던 사람들, 함께 나누었던 대화까지 모두 사라집니다. 그 자리에 죽어 있던 식물들의 모습만 기억에 남는 것이죠.

식물이 죽고 나면 저렇게 큰 사이즈의 화분을 어떻게 처리할까 걱정도 됩니다. 식물이 죽으면 처리하는 것도 어려워요. 화분을 다시 사용하지 않을 계획이라면 화분째 폐기물 스티커를 부착해 대형 폐기물로 배출합니다. 화분을 다시 사용할 계획이라면 식물과 흙을 비운 뒤 버려야 하는데, 나무는 잘게 잘라 종량제 봉투에 넣고, 흙은 불연성 폐기물을 버리는 마대자루에 넣어 따로 버려야 해요.

화분의 흙을 아파트나 공공장소 화단에 버리면 절대 안 됩니다. '다 같은 흙인데, 흙이 많아지면 좋은 거 아닐까'란 생각은 아마추어 같은 생각이에요. 전문가가 기획해서 가꾼 화단은 모두 나름의 의미가 있습니다. 그러니 함부로 아무 흙이나 화단에 배출했다가는 공들인 레이아웃이 망가지고 기존에 심어진 식물이 다칠 수 있어요. 산에는 흙을 버려도 되는데, 무거운 흙을 들고 가서 버리는 게 또 만만치 않습니다. 결과적으로 실내에 들여온 식물은, 일단 데려온 이상 오래오래 살 수 있게 보살펴 주는 것이 환경과 사람을 살리는 지속 가능한 노력이랍니다.

한번은 조완희 작가와 박주형 작가의 단체전을 보러 안국동에 들렀어요. 우연히 들어간 카페에서 작지만 싱싱한 여러 식물을 만났습니다. 반짝반짝 빛나는 식물들. 주인에게 사랑을 많이 받은 태가 났지요. 주인의 부지런함과 선한 마음이 읽혀 더없이 반가웠습니다. 그런데 한쪽에 서 있던 떡갈나무가 시름시름 앓고 있더군요. 유독 그 나무만 그렇더라고요. 떡갈나무는 제게 '분갈이를 해주세요'라고 말하고 있었어요. 식물을 많이 키우다 보니 이렇게 가끔 식물이 말을 거는 것처럼 느껴질 때가 있어요. 그래서 조심스럽게 주인에게 떡갈나무는 분갈이해 줘야 할 것 같다고 의견을 전했습니다.

주인은 겨울에 분갈이하면 좋지 않다고 해서 봄을 기다리고 있다고 하셨어요. 아무리 봐도 지금 당장 해주는 게 좋을 것 같은데, 그건 주인의 마음에 달렸지요. 다행히 나오는 길에 다시 여쭤시길래, 바로 해주는 편이 좋겠다고 말씀드렸죠. 바로 분갈이를 하셨다면 지금쯤은 더욱 쑥쑥 자라난 떡갈나무를 보고 계실 겁니다. 옛 어른들이 식물이 잘 크는 집은 사업도 잘 큰다고 하셨는데, 어떤 이유인지 조금은 알 것 같습니다.

식물로 공간을 채우는 플랜테리어는 전 세계적으로 대유행하는 인테리어 흐름이기도 합니다. 하지만 한편으로는 환경오염으로 공기가 너무 나빠지다 보니, 공기정화를 위해서라도 실내에 식물을 가득 채울 수밖에 없는 현실적인 이유가 트렌드를 이끄는 게 아닐까 싶어요. 식물로 가득한 공간에서는 확실히 몸과 마음이 편안합니다. 사랑을 많이 받은 싱싱한 식물이 가득한 공간들을 더욱 많이 보고 싶어요.

캘리포니아 석유 재벌 J. 폴 게티의 빌라 정원. 완벽하게 아름다워요.

식물은 공간을 싱싱하게 살려 줍니다.

13

초보들이 범하기 쉬운 실수들

저에게는 지병이 있습니다. '풀 세팅, 풀 장착'하는 병이죠. 무언가에 한번 꽂히면, 일단 그와 관련된 걸 모두 삽니다. 독학하는 증세와도 연결되지요. 주로 삽질의 경험을 통해 학습하는 나쁜 버릇이 있어서 무조건 원재료를 사고 봅니다. 한창 제과, 제빵에 관심이 많았을 때는 전자저울, 빵 틀, 쿠키 틀, 파이 틀, 파운드케이크 틀, 식빵 틀, 피자 팬까지 모두 샀지요. 이스트도 국산, 프랑스산 다 샀고요.

쿠키를 많이 굽다 보니, 나중엔 먹을 사람이 없어서 제가 전부 먹었어요. 파이도 한 판 구우면 한 판을 혼자 다 먹게 됩니다. 제가 브라우니는 제법 굽는데, 남편은 맛있다고 하면서도 딱 한 조각만 먹어요. 구워달라고 한 적이 없으니까요. 결국 또 제가 다 먹습니다. 식빵은 아무리 노력해서 만들어도 사 먹는 게 더 맛있어요. 계속 혼자 먹다 보니 너무 뚱뚱해져서 이제는 안 굽습니다.

양재洋裁도 그래요. 갑자기 어느 날 '옷 만들어 입기'에 꽂혀서는 재봉 책과 재봉틀, 오버로크 머신과 초크, 줄자, 가위를 모두 샀습니다. 재봉틀에 들어가는 노루발도 종류별로 다 샀죠. 기계는 또 좋은 걸 사야 한다 생각해 비싼 걸 삽니다. 그러고서는 만든 게 하나도 없어요. 양재는 시간과 노력이 엄청 필요한 분야더군요. 아직도 재봉틀과 오버로크 머신은 자리만 차지하고 있습니다.

텃밭을 처음 꾸밀 때도 또 그랬습니다. 유명 블로거가 쓰는 거라면 모조리 사들이기. 먹고 싶은 채소의 씨앗도 다 사고, 경지 토양의 표면을 덮어 주는 멀칭mulching 비닐도 사고, 고추 지지대도 사고, 토마토 지지대도 사고, 모두 샀어요. 내가 만든 정원 앞에서 예쁜 장화를 신고 챙 넓은 모자를 쓰고 우아하게 푸성귀를 따 먹는 상상을 하면서요. 그런데 한 차례 장마가 지난 후 텃밭이 정글처럼 무성해지는 걸 보니 엄두가 나지 않았어요. 그러면서 의욕이 꺾이고 말았죠. 이사하면서는 몽땅 정리했고요.

상황이 이렇다 보니 늘 자괴감으로 몸부림을 치게 됩니다. 세상에, 누가 하라고 한 것도 아니고, 스스로 하겠다고 해 놓고, 잔뜩 재료부터 사고, 결국은 또 다 버리고. 버릴 때는 정말 괴로워요. 아껴 써도 시원치 않을 지구에서 펑펑 낭비하는 죄를 지은 것 같거든요. 그래서 이제는 잘 사지 않습니다. 스스로 인내심이 없다는 걸 인정하고, 일단 있는 것으로 시작해 봅니다. 진짜로 열심히 하게 되면 그때 사는 겁니다.

글쓰기에 꽂혀 무언가를 쓰겠다는 마음을 먹었을 땐, 굴러다니는 노트를 여러 권 모아 130장짜리 습작 노트를 만들었어요. 이걸 다 쓰면 새 걸 사자고 마음먹었죠. 진짜로 260페이지짜리 노트를 모두 쓰고 새 걸 사러 갔는데, 기분이 얼마나 좋던지. 이 노트에 쓰면 더 잘 쓰게 될까, 저 노트가 좋을까 하며 한 시간이나 골랐어요.

노트에 글을 써 내려 갈 때도 이 볼펜으로 쓰다가, 저 볼펜으로 쓰다가, 이 만년필로 쓰다가 하다 결국엔 구석구석 숨어 있는 만년필들을 모아 팔레트를 만들었습니다. 엄마, 동생, 남편 책상 속 굴러다니는 만년필을 기증해 달라 했더니 열 자루나 되었죠. 만년필에 추억도 함께 묻어 왔습니다. 새벽마다 추억이 묻은 만년필로 쓰는 제 습작 노트는 벌써 두 권째 채워지고 있어요.

드로잉을 다시 하고 싶어져 공책과 연필을 꺼냈습니다. 굴러다니던 스케치북 한 권을 다 썼을 때 마음에 드는 펜을 골라 스스로 선물했어요. 그래도 이런 삽질의 경험을 통해 비용, 시간, 에너지, 정성을 통제하는 법을 훈련했습니다. 《명상록》을 남긴 로마의 철학자 마르쿠스 아우렐리우스Marcus Aurelius는 말했죠. '행복한 삶이란 절제를 통한 명석한 판단으로 가능하다.' 저도 좀 더 초연해진 마음을 느낍니다.

지나치지도 모자라지도 않게

얼마 전 식물 200여 그루를 한 번에 들였다가 모조리 죽인 어떤 분의 이야기를 전해 들었어요. 정말 안타까웠습니다. 그분은 아마도 다시 식물을 키우려면 더 큰 용기가 필요할 거예요. 식물은 사다 놓는 그 순간부터 관리해야 해요. 나만의 공간 안에서 혼자 보겠다는 이기적인 마음으로 자기 고향을 떠나오게 했으니, 식물이 외롭지 않게 밥도 주고 물도 주고 마음도 줘야 하죠. 식물의 마음에 공감하고 알아봐 줄 때 식물도 공간에 적응하고, 씩씩하게 자랍니다.

식물 관리를 위해 따로 전문가의 도움을 받을 수 있을 만큼 시간과 예산이 넉넉한 분은 예외로 합니다. 하지만 이 책을 찾아 읽는 분이라면 아마 저처럼 모든 일을 스스로 해야 마음이 놓이는 타입이 아닐까 싶어요. 자신의 식물 키우기 능력을 객관적으로 판단해 보고, 한 걸음 한 걸음 걸음마 딛는 아이처럼 식물도 1그루씩 늘려 보세요.

같은 종류끼리 여러 개를 키워 보는 것도 좋습니다. 1, 2만 원어치의 식물을 사서, 공간마다 배치해 보는 것이죠. 어디서는 잘 자라고, 어디서는 시들해지는지 경험해 보면 알 수 있어요. 잘 자라는 곳에는 그 식물과 모양이 비슷한 애들을 사서 함께 놓아주는 방식으로 하나씩 차츰 알아가는 거예요.

처음부터 다양한 종류, 많은 양의 식물을 한꺼번에 키워 보고 싶다면 시간을 좀 더 들여야 해요. 식물 잘 키우는 법에 관한 책을 세 권 정도 읽어 보세요. 책은 사는 편이 좋습니다. 두고두고 보게 되거든요. 저도 이미 예전에 읽은 《실내공기정화식물 50》과 《실내식물 사람을 살린다》라는 책을 자주 꺼내 되풀이해서 읽어요. 읽을 때마다 새로운 지식이 보이거든요.

책을 읽으며 느낌이 좋은 식물의 종류를 골라 보세요. 너무 오래 고민하지 말고 처음 사진을 볼 때 직관적으로 '이거다!' 싶었던 식물에 포스트잇을 붙이면서 책 세 권을 모두 보세요. 그리고 그 식물들의 관리법을 따라 해 보는 거예요. 공기정화를 위한 관엽식물이라면 책만 잘 읽어도 충분히 키울 수 있을 거예요.

단, 처음 집에 데려온 식물들을 너무 예뻐하지 마세요. 지나친 관심은 식물에도 아이에게도 독이 되거든요. 하나하나 놓치지 말고 모두 해 줘야지 하는 마음보다는 무심한 듯 친절한 정도가 좋아요. 늘 문제가 되는 건 갑자기 자주 주는 물이에요. 하루에 몇 번씩 물을 주는 사람도 있는데, 절대, 그러면 안 됩니다. 습한 건 금물입니다.

작은 비닐 포트는 흙이 적어서 물이 빨리 마르기 때문에 일주일에 두 번씩은 물을 줘야 하지만, 화분에 담긴 식물은 일주일에 한 번을 기준으로 하고 물이 완전히 마르면 주세요. 너무 타이밍이 늦었다 싶을 정도로 말라 있을 때는 물통에 담가 하룻밤쯤 재워 보는 것도 방법이에요. 그렇게 해서 잎에 싱싱하게 물이 차오르면 살아 있는 거고, 그래도 안 되면 세상을 떠난 거예요.

처음 식물 키우기를 시작했을 때, 물을 주고 영양분을 주며 관리하는 것은 차라리 어렵지 않았어요. 그런데 분갈이는 조금 더 큰 도전이 필요했고, 스타일링은 과연 완벽한 게 있을까 싶을 정도로 여전히 어려워요. 식물이 실시간으로 자라기도 하거니와 새로운 애들을 계속 데려오다 보니 가장 아름다운 최적의 지점이 계속 달라지거든요. 인테리어와 동선까지 고려하면 복잡한 수학 방정식 같습니다. 내가 통제할 수 있는 범위를 벗어났다 싶다면, 전문가에게 'SOS!'를 외치는 것도 방법입니다.

 최선을 다했는데도 키우던 식물이 세상을 떠났다면 너무 상처 받지 마세요. 아무리 잘 해줘도 식물은 죽을 수 있습니다. 살아 있는 생명체니까요. 다만, 물을 주지 않아서 말려 죽이는 건 안 됩니다. 나의 게으름으로 생명을 소멸시키는 거니 그건 좀 너무한 것 같아요. 사랑받고 있는 생명체는 반짝반짝 빛납니다. 나와 내 주변에 있는 모든 것들이 환하게 빛나는 것. 상상만 해도 기분이 좋아지지 않나요?

밤에는 거실 조명 아래 자리 잡은 아레카야자가 주인공이에요.

3장

나를 숨 쉬게 한 반려식물들

 우리 집이 숲이 된다면

14

식물계의 백조, 스파티필룸

 식물에 대해 아무것도 모르던 왕초보 시절, 저는 그저 식물을 모양이 예쁜 순서대로 집으로 데리고 왔어요. 처음엔 스파티필룸을 두 포트 사 왔고, 그다음엔 테이블야자를 2그루 사 왔습니다. 그렇게 어느 날 갑자기 우리 집에 온 스파티필룸은 물을 주면 주는 대로 잘 자랐고, 바쁜 일과에 존재를 잊고 살아도 거기 그대로 잘 있었어요.

 애들은 목이 마르면 잎이 축 늘어지는데, 물을 주면 놀라울 정도로 다시 잎이 생생해져요. 작은 포트는 물이 금방 말라서 번거롭더라고요. 그래서 나중에 한 화분에 모아서 심었어요. 한 번에 물을 줄 수 있도록. 잎이 큰 스파티필룸은 한 화분에 1그루씩, 잎이 작은 스파티필룸은 한 화분에 모아 심는 편이 예뻐요.

　식물이랑 친하지 않았을 때는, 식물의 눈치를 보며 물을 주고 애정을 표현한답시고 고급 영양제를 사다 꽂아 주곤 했어요. 그런데 작은 포트에 담긴 식물은 흙의 양이 적고 뿌리가 약한 편이라 농도 짙은 영양제가 오히려 독이 됩니다. 그땐 전혀 몰랐지요. 비료를 꽂은 화분의 식물들이 되려 시들시들해지는 것을 보며, 어리둥절했어요.

　경험을 통해 알게 된 팁을 공개하자면, 작은 포트의 식물에 영양제를 줄 때는 물에 희석해서 줄 수 있는 액체비료나 물을 줄 때마다 녹아내리는 알갱이 타입이 좋습니다. 포트는 흙이 적어 금방 마르니 물을 조금 더 자주 줘야 해요.

　스파티필룸은 기분이 좋으면 하얀 꽃을 올리는데 청순가련한 여인 같아요. 진한 초록색 잎과 뽀얗게 피워 올린 하얀 꽃의 조화가 주는 싱그러움이 매력이랍니다. 스파티필룸은 실내에서 꽃을 피우는 몇 안 되는 식물이에요. 꽃처럼 보이는 하얀 부분은 불염포이고, 안쪽 돌기가 진짜 꽃이에요. 꽃가루 알레르기가 있다면 가루가 생기기 전에 울퉁불퉁한 부분을 잘라 주세요. 꽃가루를 품은 꽃끼리 부딪치게 해 수분을 하면 씨앗이 맺힙니다. 화분이

스파티필룸은 청순가련해 보이는 흰색의 불염포를 올립니다.

안쪽 돌기가 진짜 꽃이에요.
저 부분만 가위로 살짝 잘라 내면 꽃가루가 날리지 않아요.

꽉 차면 포기를 나눠 2개의 화분으로 만들 수도 있어요. 다만 스파티필룸은 잎을 잘라 물에 담근다 해도 뿌리가 나오지 않는다는 걸 기억하세요.

열일하는 스파티필룸

　스파티필룸은 실내에서 필수적으로 키워야 하는 식물이에요. 폼알데하이드, 벤젠, 알코올, 아세톤 등 공기오염물질 제거 능력이 뛰어나고, 증산율이 매우 높아서 물에 꽂아 두기만 해도 가습기 역할을 톡톡히 합니다. 새하얀 꽃을 피우며 열일하는 스파티필룸에 저는 '식물계의 백조'라고 이름 붙였어요. 수형이 좁고 길어서 부피가 크지 않다는 것도 장점이에요. 좁고 깊은 화분에 담아 키우면 동선에 방해가 되지 않아서 편하고 공기정화 효과도 얻을 수 있습니다. 반음지에서도 잘 자라는 식물이라 복도나 방의 벽을 따라 배치해 주기 좋지요.

　공기정화 효과를 극대화하고 싶다면 스파티필룸을 적극적으로 활용하세요. 저는 이케아의 주방용 바스켓에 물을 담고, 뿌리를 깨끗하게 씻은 스파티필룸 3그루를 넣어 주었어요. 통 아래에 자잘한 돌을 깔아 넘어지지 않게 지지하고, 뿌리가 아래로 자라도록 도와주니, 씩씩하게 잘 자랍니다. 짱짱해요. 좁은 집, 좁은 통로, 욕실 등 다양한 공간에 활용할 수 있어요. 스파티필름의 수형에는 이 스타일링이 제일 잘 어울리는 것 같아요. 식물이 많은 우리 집은 건조주의보가 매일 내리는 한겨울에도 습도 60% 선을 유지합니다. 가습기가 정말 필요 없어요.

스파티필름은 좁고 깊은 통에 조약돌을 깔고 키우면 무게 때문에 잘 넘어지지 않고, 뿌리도 잘 내려 쑥쑥 큽니다.

어디서든 잘 자라는 스킨답서스는 아무 데나 잘라도 쑥쑥 자라서 키우는 재미를 주는 식물이에요. 하지만 잎을 아래로 늘어뜨리며 증식하기 때문에 부피가 커져요. 스파티필룸도 잘 자란다는 점에서 스킨답서스와 같지만, 아무 데나 잘라서 키울 수는 없고, 위로 좁고 넓게 자라니 부피가 작다는 점에서 달라요. 두 가지를 베이스 메이크업 삼아 집 안 곳곳에 가능한 한 많이 배치해 주면 공기정화를 위한 기초 공사를 마치는 셈이에요. 실내공기가 좋으면 머무는 시간이 길어도 좋은 컨디션을 유지할 수 있답니다. 공기 중 산소 농도가 높으니까요.

나는 정말 귀찮아서 공기정화식물을 알아볼 여력이 없다 싶다면, 일단 주머니 사정이 허락하는 한 많은 수의 스파티필룸을 사세요. 그리고 이들을 하얀 플라스틱 통에 담아 동선을 가리지 않는 곳에 배치해 주세요. 그게 제일 쉽고 효과적인 방법입니다. 흰색 통이 좋아요. 그래야 예뻐요. 꼭 하시길 바랍니다. 2017년 3, 4월만 해도 창문을 활짝 열고 환기를 시켜도 될 만큼 미세먼지 수치가 낮은 날이 거의 없었습니다. 공기청정기가 먼지는 제거할 수 있어도 스파티필룸처럼 산소와 음이온을 생산해 내진 못해요. 그러니 나와 가족을 위해서라도 꼭 화원에 들러 보세요!

공기정화 효과가 큰 스파티필룸.
여러 종류의 화초랑 욕실에서 같이 키워요.

15

키우는 재미를 알려 준 스킨답서스

지난겨울은 유독 추웠죠. 꽁꽁 얼어붙은 길을 보면 추위가 물러갈 기색도 없어 보였지만, 우리는 압니다. 기어이 봄은 오고 만다는 것을요. 겨우내 그대로 성장이 멈춰버린 것 같던 식물들이 하나둘 새잎을 올리기 시작하고, 공중 뿌리들도 조금씩 길어집니다. 긴 겨울잠에서 깨어 기지개를 켜는 신호에요. 저는 봄이 되면 화원에 가서 새로운 식물을 데려옵니다. 겨우내 잘 키운 허브는 화단으로 옮기고, 한 화분에서 복닥거리며 잘 자란 3그루의 아보카도는 나눠서 친구들에게 선물하고 싶어요.

봄이 되면 만날 수 있는 싱그러움. 화원 앞에 깔린 진분홍, 노랑, 흰색의 다채로운 꽃들과 부채 같은 잎사귀부터 바늘 같은 잎을 가진 포트 화분들까지. 구경하는 것만으로도 빙그레 미소가 나오고, 발걸음을 잡아당기는 건 생명의 힘이죠. 어떤 식물을 선택하든 다 좋고 반갑지만, 공기정화를 위해서라면 단연 스킨답서스가 1등이에요. 참, 저는 아무리 아름다워도 꽃 화분은 사지 않습니다. 베란다가 아닌 실내에서는 꽃이 알레르기를 유발하는 원인이 될 수 있거든요.

스킨답서스는 자라는 속도가 빠른 편이라, 키우는 재미를 알려 준답니다. 반려식물을 키우겠다 마음먹었을 때 처음 시작하기 좋은 '엔트리' 식물이죠. 병충해가 거의 없고, 관리를 약간 소홀히 해도 쉽게 죽지 않아요. 집, 사무실, 상업 공간, 빛이 들어오지 않는 실내 어디서든 잘 자라는 환경 적응력이 아주 뛰어난 식물이죠. 오늘부터 식물을 키우기로 마음먹었다면, 스킨답서스를 물에 꽂아 키우길 추천합니다. 지금은 200그루가 넘는 식물들과 함께 살고 있지만, 처음엔 저도 스킨답서스와 스파티필룸, 테이블야자와 고무나무, 산호수 같이 쉽게 만날 수 있고 키우기 만만한 식물들로 시작했습니다.

화원에도 많이 보이고, 가격도 저렴한 식물들은 대부분 손이 덜 가고 잘 자라는 식물이에요. 우리나라 기후에 잘 맞아 별 탈 없이 쑥쑥 크고, 그러다 보니 생산량도 많아지고, 수요공급의 원칙에 따라 가격이 낮아진 것이죠. 식물 키우기 초보라 어떤 종류의 식물을 키워야 할지 잘 모르겠다면 화원마다 있는 평범하고 저렴한 아이들로 시작하면 됩니다. 1만 원이면 3~4개 포트의 작은 식물들을 집에 데려올 수 있고, 잘만 키우면 그 수가 늘어나니 키우는 재미가 쏠쏠하답니다. 단, 작은 포트의 화분은 수분이 금방 마르니 물 공급에 신경 써 주세요.

스킨답서스는 가격도 저렴하고, 키우기 쉬운 식물이면서도 NASA가 선정한 공기정화식물 순위 12위의 식물이죠. 싸고 좋은 것을 찾기 힘든 세상에서, 정말 고마운 식물입니다. 넝쿨을 만들며 자라나기 때문에 윤기가 흐르는 머리채처럼 늘어지는 모양새가 정말 멋스러워요. 물론 이 역시 취향이라 뭐가 더 좋다고 말하기 어렵습니다. 저도 공간에 따라 다양하게 연출해 보았는데요, 식물을 키우는 데 고정된 규칙은 없다는 말씀을 드리고 싶어요. 내 마음대로, 아무 데나, 실컷. 그게 스킨답서스로 연출하는 플랜테리어 스타일링 비법입니다.

스킨답서스 스타일링

이웃집 언니가 마당에서 잘라 준 스킨답서스를 줄거리를 툭툭 잘라 물에 담았어요. 뿌리가 힘차게 솟아 나왔지요. 늘어지듯이 키워도 좋은 장소를 찾아, 점점 더 길게 길러서 스킨답서스 커튼을 만들고 싶어요. 시간이 얼마나 걸릴지 궁금합니다.

　스킨답서스는 주방에서 버릴까 말까 망설여지는 그릇들에 담아 줘도 잘 자라요. 넓은 그릇은 수반처럼 쓰고, 좁고 기다란 그릇은 화병처럼 쓰면 되지요. 버릴 것을 살려 쓰레기를 줄이고 공기도 깨끗하게 만들 수 있으니 일거양득입니다. 기왕이면 볼 때마다 기분 좋아지는 그릇에 식물을 담으면 심리적으로도 큰 만족감을 느낄 수 있어요. 내게 있는지도 몰랐던 감성을 깨우는 순간! 2~3만 원으로 스킨답서스 열 포트 정도를 사서 버리려고 했던 그릇에 담아 보세요. 확실히 달라진 공기를 마실 수 있습니다.

　집 안 곳곳에 스킨답서스를 배치하는 건 실내 공기정화를 위한 베이스 메이크업과 같아요. 효과를 분명히 느낄 수 있답니다. 키워 보지도 않고 미리 포기하거나 이렇게 키우기 쉬운 식물도 죽이고 마는 식물 킬러라고 자책하진 마세요. 자기 집에 맞는 식물은 따로 있어요. 식물을 잘 키우는 고수들도 어쩐지 자기 집에만 데려 오면 맥을 못 추고 시들시들해지는 그런 식물 종목 하나씩은 갖고 있답니다. 혹시 스킨답서스를 키웠는데 실패했다는 사람들! 괜찮아요. 애는 우리 집을 싫어했어도 다른 애들은 좋아할 수 있답니다.

창가에 물 꽂이로 키우기 좋아요.
단, 직사광선이 들어오는 창은 피해 주세요.

주방에서 놀고 있는 유리그릇도 훌륭한 화분이 됩니다.
뿌리 쪽에 돌을 깔아 주면 더 잘 자라요.

이쪽 스킨답서스들은 너무 멋없이 늘어져,
화분 위에 줄기를 똬리 틀듯 얹어줬어요.

물을 담은 화분을 수건걸이에 묶어 줬어요.

2개의 포트로 연출한
스킨답서스가 풍성히 자라서 기특해요.

빛이 적은 욕실에서도 스킨답서스는 잘 자랍니다.

16

색상 대비가 훌륭한 산호수

몇 년 전 저희 동네에 백화점이 생겼어요. 이제나저제나 하며 오픈을 기다렸기에 개장을 하자마자 들렀습니다. 저 같은 사람이 많았던 모양인지 가는 매장마다 만원이라 발 디딜 틈이 없었지요. 배가 고픈데도 음식점마다 줄이 길어서 밥 한 끼 먹는 것도 전쟁이었죠. 그나마 제일 줄이 짧은 식당에서 식사를 대충 하고 나오는데, 오픈 기념이라며 산호수 화분 2개를 주더라고요. 오픈 증정품이 식물이라니 신선했어요. 그런데 이걸 가져가야 하나 말아야 하나 망설여졌어요.

저는 백화점 사은 행사나 증정 이벤트에는 잘 넘어가지 않아요. 사은품을 받기 위해 필요하지 않은 것을 사는 과소비, 기어이 챙겨 와도 쓰지 않던 경험, 버리는 데 들어가는 수고, 결국엔 버릴 것을 정리 정돈하며 낭비하는 시간, 오염되는 환경의 악순환을 싫어하기 때문입니다. 여기에서 벗어나는 데 많은 노력이 필요했습니다.

내가 살아가는 공간 속에서 매일 만나고 사용해야 하는 치약, 비누, 샴푸 같은 사소한 것일수록 마음에 드는 걸 써서, 거기서 얻는 소소한 행복을 누리고 싶어요. 작은 소품 하나하나가 예뻐야 집도 아름다운 공간이 되거든요. 프랑스의 사회학자 피에르 부르디외Pierre Bourdieu는 '지금 이 시대는 취향으로 계급을 나누려는 계급 사회'라고 말했습니다. 현대인들은 모두 자기만의 취향을 가진다는 의미지요.

저는 아레카야자, 인도 고무나무, 떡갈나무같이 관리가 까다롭지 않으면서도 수형이 아름다운 직립성 식물을 좋아해요. 그런데 산호수는 자기 멋대로 구불구불하게 자라는 덩굴성 식물이에요. 어떤 규칙이 없지요. 그저 불규칙적으로 뻗어 나갈 뿐, 스타일링의 필수 요소인 비례, 균형, 대칭, 리듬감이 전혀 없어요.

잎은 퍽퍽하고 버석거리는 게 꼭 가짜로 만든 조화 같고, 벌레도 잘 생깁니다. 저는 둥글고 큰 잎이나 시원하게 뻗는 포물선 형태를 좋아하는데, 산호수 잎은 자잘하고 톱니 같은 날을 갖고 있고 줄기에 적갈색 털이 있는 등 여러모로 제 취향이 아니에요. 손으로 만져보면 서걱거리는 느낌도 그저 그렇지요. 한마디로 제가 좋아하지 않는 요소를 다 갖춘 것이 산호수입니다.

이렇게 산호수를 별로 좋아하지 않다 보니, 좋아하지 않는 식물을 잘 키울까 걱정이 된 거예요. 괜히 새파랗게 살아 있는 싱싱한 식물을 선뜻 데려왔다가 제 게으름 때문에 죽이지는 않을까 싶어 받아 오기 망설여졌어요. 식사 내내 고민을 할 만큼 산호수 증정품이 반갑지 않았지만, 공짜인 데다 식물이니까 울며 겨자 먹기로 데려왔습니다.

다행히 산호수는 제가 좋아하든 말든 무심하게 쑥쑥 잘 자랐어요. 혼자서 부지런히 연두색 새잎을 틔워 올리고, 하얀 꽃을 피우고, 어느 틈엔가 빨간 열매를 맺었지요. 짙푸른 녹색 잎들 사이에 박혀 있는 빨간 열매는 색상 대비가 정말 아름다워요. 드디어 정 붙일 만한 아름다움을 찾았습니다.

빨간 열매를 맺은 산호수.

작은 화분 2개가 이렇게 무성하게 자랐습니다.

욕실에서도 꿋꿋하게 자라는 산호수.

네가 좋아하든 말든 나는 자란다.

산호수 관리법

    산호수는 솜깍지벌레가 좋아하는 식물이에요. 벌레가 많아졌다 싶으면, 물로 잎을 씻어 주고 EM 용액을 타서 분무해 주면 많이 줄어들어요. 잎이 잘 자라기에 잠깐만 눈길을 주지 않아도 순식간에 산발이 되니 가지치기를 자주 해 줘야 해요. 잘라 낸 가지들을 짧은 유리병에 꽂으면 초록을 조금 더 즐길 수 있습니다. 처음에는 이발한 줄기들을 다 버렸는데, 물 꽂이해 주니 뿌리를 내리는 가지가 있더라고요. 뿌리가 길어지면 토분에 옮겨 심습니다.

    산호수를 그다지 좋아하지 않는데, 개체 수가 점점 늘어나고 있어요. 아, 곤란해요. 그래서 인연은 함부로 맺는 게 아니라고 했는데! 저렇게 살고자 하는 아이들을 어떻게 내다 버리겠어요. 봄이 되면 조로롱 귀여운 꽃을 피우고, 빨간 열매를 맺습니다. 꽃에서 가루가 많이 떨어지니, 꽃가루 알레르기가 있는 분이라면 주의가 필요해요.

    산호수는 옆으로 낮게 자라는 식물이에요. 숲에서도 해가 잘 들지 않는 곳에서 자라나죠. 빛의 양이 적은 공간에서도 잘 자란다는 얘기예요. 특히 창문이 하나도 없는 욕실에서도 자랄 수 있답니다. 제가 좋아하는 모양은 아니지만, 산호수는 가격도 저렴하고, 미세먼지 제거 효과도 큰 데다, 음이온을 많이 방출하고, 증산력도 강한 착한 식물이에요.

처음엔 제가 좋아하는 좁고 높은 화분에 심어서 덩굴처럼 늘어지는 걸 즐겨 볼까 했는데, 비례가 전혀 맞지 않아 아름답지 않았어요. 산호수는 넓고 평평한 화분에 심어 풍성하게 연출하는 편이 어울립니다. 낮은 화분에 심어 스툴 위, 선반 위, 테이블 위 같은 공간에 두면 관리하기도 편하고, 보기에도 좋죠. 특히 공부방이나 서재 같이 집중이 필요한 공간에 좋아요. 정신을 맑게 하고 긴장을 완화해 집중력 향상과 학습력 증진에 도움이 되는 음이온을 많이 방출하니까요.

17

디퓨저가 필요 없는 향기 뿜뿜 삼총사

긴 겨울을 맞이하는 제 마음은 두 갈래로 나뉘었어요. 마음 한편에는 더 이상 풀을 안 뽑아도 되니 이제 자유구나 싶었고, 다른 한편으로는 이른 아침마다 혼자 즐기던 잔디 냄새와 물과 햇빛에 반짝거리는 보석 같은 싱그러운 초록을 당분간 볼 수 없다는 섭섭함이 밀려 왔지요.

잔디를 깎고 물을 뿌려 줄 때마다 집 안 가득 푸른 잔디 향이 들어와 얼마나 기분이 좋았던지요. 잔디 향이 그리워 내년 봄까지 어쩌나 싶던 제 머릿속에, 문득 허브들이 떠올랐어요. 향기 뿜뿜 삼총사, 라벤더와 로즈메리, 유칼립투스를 소개합니다.

까탈쟁이 유칼립투스

　유칼립투스는 늘 키우기 실패하면서도 화원에 갈 때마다 습관적으로 데려오는 애증의 허브입니다. 오기가 생길 정도예요. 저는 새벽에 일어나면 유칼립투스 오일을 디퓨저에 몇 방울 떨어뜨려 시원한 향을 즐깁니다. 한 줄기의 향기는 가슴팍으로 쑥 들어오고, 다른 한 줄기는 머리로 올라가 개운하게 하루를 시작할 수 있거든요. 유칼립투스는 꽃이 아름답게 덮이기 때문에 이름도 거기서 유래했는데요. 그리스어로 '아름답다'와 '덮인다'라는 뜻의 합성어라고 해요. 그런데도 저는 아직까지 꽃을 본 적이 한 번도 없답니다. 왜 그럴까요?

　유칼립투스는 정말 까다로워요. 물이 조금만 부족해도 잎을 있는 대로 쭈글쭈글하게 만들어 인상을 쓰고, 잠깐 방심하면 벌레가 생겨요. 어느샌가 응애mite가 기어 다니고, 진드기가 붙어 있어요. 이러다가 무당벌레가 날아다니는 건 아닐까 싶어진다니까요. 하도 까탈스러워서 조금 미워지려고 합니다. 겨울이 시작할 때 4개의 포트를 데려왔는데 벌써 포트 하나와는 이별했어요. 일주일에 두 번은 물을 줘야 하는 상전이지만, 향이 너무 좋아서 또 키우게 됩니다.

오기가 생길 정도로 까탈스러운 유칼립투스.

요리와 어울리는 로즈메리

　로즈메리는 까다롭지 않게 생겼는데, 한 해를 넘겨 키우기 힘든 허브예요. 항균 및 살균 작용이 뛰어나고 보습 효과가 있어 화장품 원료로도 많이 사용되지요. 특유의 신선한 향이 뇌 기능을 활성화해 준대요. 이탈리아 요리에 많이 쓰이는 허브라서 저는 항상 1그루 이상은 키웁니다. 로즈메리는 특히 고기랑 잘 어울리는데, 스테이크를 구울 때 버터와 함께 넣어 향을 우려내면 레스토랑에서 먹는 스테이크 비슷하게 흉내 낼 수 있어요. 바비큐용 고기를 양념할 때 한두 줄기를 올리면 보기에도 좋고, 고기에 향이 배어 풍미도 살아나고요.

　작년 겨울에 나무처럼 크게 자라버린 로즈메리를 떠나 보낸 적이 있어서 더 소심해졌지만, 그래도 다시 도전합니다. 큰 아이를 데려다 놓으니 관리가 어려운 것 같아 작은 포트 4개를 사 왔어요. 로즈메리 화분에 물을 줄 때는 뿌리에서도 향이 느껴져 찰나의 행복을 얻습니다. 실제로 로즈메리 향기는 두통을 가라앉히고 기억력과 집중력을 높인다고 해요. 손으로 잎을 쓰다듬어 주면 손에 알싸한 향이 배어 한동안 기분이 좋아요.

스테이크 구울 때 로즈메리를 활용하고 있어요.

잠들기 전, 라벤더

요즘엔 라벤더가 점점 더 좋아져요. 잠자리에 들기 전 라벤더 오일을 핸드크림에 꼭 섞어서 바르고, 베개에 몇 방울 떨어뜨릴 정도예요. 처음 키워 보는 허브이지만, 도전! 새로운 식물을 데려 오면 공부도 해야 하고 적응도 필요하지만, 알아가는 재미가 있답니다. 향을 맡아보고 사려고 일부러 꽃시장에 갔어요. 라벤더는 겨우 세 포트만 있어서, 아쉬운 대로 데려왔지요.

허브류의 식물 중에서도 라벤더는 가구 접착제에 주로 사용되는 폼알데하이드 제거 효과가 가장 크다고 해요. 음이온도 많이 발산해 공부방에 추천되는 식물입니다. 두통이나 신경 안정 치료에 도움이 되고, 방충 효과도 있어서 여러 가지로 사람한테 이로워요. 봄이 되면 나무 아래에도 잔뜩 심어 줄 거예요.

라벤더 잎을 두 손으로 살짝 움켜쥐고 코를 대 킁킁거리면 가슴 가득 라벤더의 신선한 향기가 채워집니다. 아들이 어렸을 때 아이 가슴팍에 얼굴을 묻고 킁킁대던 기억이 겹쳐 떠오를 만큼 행복해요. 기대했던 만큼 유칼립투스, 라벤더, 로즈메리는 겨우내 저에게 큰 행복을 주었어요.

점점 더 좋아지는 라벤더. 싱싱한 라벤더 향은 최고예요.

사실 허브류는 해와 바람을 좋아해서 실내에서는 키우기 힘든 식물이에요. 하지만 바깥 흙에서는 잘 자랍니다. 그러니 집 안에서 키울 때는 해가 가장 잘 드는 곳에 배치해 주세요. 이번 겨울에 데려온 허브들은 생각보다 오래 건강한 컨디션으로 자라고 있는데요, 토분에 심어 주길 잘한 것 같아요. 허브는 통풍이 중요하거든요.

유칼립투스는 독일산 토분에 심어 주고, 라벤더와 로즈메리는 이탈리아산 토분에 심었는데 라벤더와 로즈메리의 컨디션이 훨씬 좋았어요. 물을 주는 주기와 비료 주기는 똑같았고요. 허브류 식물은 잎이 살짝 시들할 때 물을 주는 게 좋아요. 가끔 손으로 쓰다듬으며 '나는 너희가 진짜 좋아'라고 해주면 더 잘 자랍니다. 살아 있으니까요.

로즈메리, 라벤더, 유칼립투스 같은 허브류는 향에 방충, 살균 효과가 있어서 실내공기를 건강하게 만드는 데 큰 도움이 됩니다. 향을 집 안 전체로 보내고 싶다면 허브 앞에 서큘레이터나 선풍기를 틀어 주세요. 디퓨저에서는 느끼기 힘든 신선한 향이 가득한 실내가 탄생할 거예요.

식물 대부분은 먹을 수 없다는 점에서 아쉬운데, 허브는 관상

용은 물론 식용도 되니 실생활에서 두루두루 실용적입니다. 늘 실패했던 허브류의 식물들을 토분에 심어 무사히 겨울을 나고 나니 더욱 뿌듯합니다. 실패를 거듭했던 어떤 일에 다시 도전해서 작은 성취를 이루어 내는 것. 제 마음을 긍정적으로 유지하는 마중물이 되는 것 같아요.

거실 왼쪽 코너에 두었던 로즈메리. 멋지게 자란 녀석이 죽었을 땐 너무 슬펐어요.

18

식물계의 셀레브리티, 쑥쑥 나무 삼총사

사지선다 문제풀이가 익숙한 학력고사 세대라서 그런지, 저는 꼭 정답을 찾아야 한다는 생각을 하게 돼요. 이 강박감을 어서 버려야 하는데 쉽지가 않네요. 인생은 정답이 있는 객관식이 아니라 소설보다 더 소설 같은, 긴 서술형 픽션이라는 걸 알면서도 말이지요. 사람의 내면을 들여다보는 수련의 과정을 거쳐 이제 겨우 정답 트라우마에서 벗어나나 싶습니다.

그런데 이상하게도 식물을 집에 데려올 때마다, 저는 꼭 선생님에게 검사를 받는 마음이 든단 말이에요. 이 식물이 나에게 정답일까 아닐까. 어떤 식물을 만났을 때, 저절로 미소가 지어질지 아닐지는 전혀 알 수 없어요. '시작하는 연애' 같은 것이죠. 그런데 어찌 우리 집에 맞는 식물이 정답이 정해져 있는 객관식일 수 있겠어요.

식물에도 주파수가 있어요

작년 봄에는 남편이 너무 예쁘다며 꽃을 피운 식물을 데려왔어요. 줄기를 따라 자잘한 잎이 달려 있고, 노란 꽃이 대롱대롱 매달린 낭창낭창한 식물이었지요. 예쁘긴 했는데, 저는 이상하게 이름도 궁금하지 않을 만큼 정이 안 가더라고요.

남편이 데려온 꽃나무. 나중에 알게 된 이름은 애니시다.

저는 아레카야자나 인도 고무나무, 떡갈나무같이 잎이 크고 선이 시원하게 쭉쭉 뻗은 애들이 좋아요. '아. 식물도 음악이나 영화처럼 내게 좋은 에너지를 주는 장르가 따로 있구나' 하고 느꼈어요. 남편이 모처럼 데려온 그 식물은 무관심한 저에게 상처를 받았는지 얼마 안 돼 진드기로 뒤덮였고, 곧 집 밖으로 쫓겨났죠. 미안하긴 하지만 진드기가 다른 식물로 옮겨 가면 안 되니까요.

아무리 주변 사람들이 예쁘다고 해도, 이 식물이 나에게 좋은 파장의 에너지를 증폭시켜 주는지 아니면 이상하게 얼굴이 찌푸려지는 스트레스를 안기는지는 본인만 알아요. 소금이나 물처럼 누구에게나 '이것이 좋아' 하며 특정 식물을 권하기 힘든 이유예요. 그림을 좋아하는 제게 사람들이 어떤 그림을 사는 게 좋을지 물으면 저는 작은 그림부터 시작하라고 조언해 드리는데요, 식물도 마찬가지예요.

내게 좋은 에너지를 주는지, 그렇지 않은지를 예민하게 느껴보며 작은 식물부터 도전해 보세요. 기분이 좋아지는 걸 느끼고, 점점 자신이 붙을 때 더 큰 화분에 도전해 보는 게 좋을 것 같아요. 여러 식물 사진을 보면서 몇 가지를 골라 두고, 실물이 같은 에너지를 주는지 마음에 물어보는 겁니다.

힘 있게 잎을 뻗는 아레카야자

아레카야자는 스튜디오에 1그루, 거실에 2그루, 주방에 1그루, 아이 방에 3그루, 복도에 1그루까지 저희 집에 총 8그루나 있는, 저의 사랑을 독차지하고 있는 식물입니다. 아름다우면서 쑥쑥 자라기로 둘째가라면 서러울 이 아레카야자는 고고한 선비가 인생의 정점에서 힘 있게 친 난처럼 기개가 느껴져 좋아요. 보고 있어도 또 보고 싶을 만큼 좋아한답니다.

잎이 쭉 뻗어 늘어지는 모양을 보면 마음마저 유연해지는 것 같아요. 창문을 열어 두면 바람결을 따라 그림자가 부드럽게 춤추며 잎끼리 부딪히는데, 소리도 가볍고 편안해요. 식물의 키가 150cm 정도는 돼야 잎이 시원하게 떨어집니다. 집의 중심을 잡아 주는 포인트 나무로 활용하기에 좋아요. 층고 220~230cm의 아파트라면 키 160~170cm 정도의 크기가 제일 아름답게 느껴지는 비율입니다.

아레카야자는 병충해, 관리, 공기정화 능력, 휘발성 화학물질 제거력, 증산력 등을 고려하는 NASA의 종합 평가에서 당당히 1위를 차지한 식물이기도 해요. 그러나 누구에게나 정답은 아닐 수 있어요. 제가 좋아하는 아레카야자를 잎끝이 날카로워 싫다고 말

어느 곳에서나 잘 어울리는 아레카야자.

하는 친구를 만났거든요. 거짓말 조금 보태서, 마치 알을 깨고 나온 것 같은 충격을 받았습니다. 누구나 좋아할 만한 무난한 식물이라 생각했는데, 제 친구는 둥글고 넓적한 잎을 좋아하는 분명한 취향을 갖고 있었던 겁니다.

하얀 눈물을 흘리는 고무나무

여름에 성장기가 오는 인도 고무나무는 스튜디오에 2그루, 거실에 1그루, 아이 방에 1그루가 있어서, 우리 집에 총 4그루가 있어요. 역시 제가 정말 좋아하는 나무죠. 잎이 동글동글하고 귀여운 데다 크기도 일정하게 자라는 편이라 시선이 걸리는 데 없어 보기 편하고 아름다워요. NASA 선정 공기정화식물 순위 4위.

나무의 모양도 아름다워 인테리어 디자이너들에게 인기가 많은 식물이에요. 벌레도 잘 생기지 않아요. 실내의 해로운 화학물질의 독성을 제거하는 능력이 뛰어난데, 특히 폼알데하이드 제거 효과가 큽니다. 이 나무는 줄기를 하나로 키우는 외목대보다는 줄기를 여러 개로 키워 잎을 풍성하게 연출하는 편이 더 아름답게 느껴져요.

4년 전 쇼룸을 오픈할 때 후배가 선물로 보내 준 수채화 고무나무는 1년 반 만에 폭풍 성장했어요. 이 나무는 인도 고무나무와 모양이 비슷하지만, 잎에 수채화물감을 뿌려놓은 것처럼 독특한 패턴을 띠고 있어요. 도톰하고 넓은 잎이 조금 더 분홍빛으로 물들면 좋겠어요. 핑크빛이 도는 잎을 보면 빙그레 미소가 지어지며 마음이 편안해지거든요.

1년 반 전 수채화 고무나무.

폭풍 성장해 늠름해졌어요.

수채화 고무나무는 햇빛을 받으면 잎의 무늬가 더욱 선명해지지만, 한여름 직사광선은 피하는 게 좋습니다. 우리 집에서는 동쪽과 남쪽으로 창이 난 곳에 배치해 두었는데, 여기가 빛도, 온도도 제일 잘 맞는 것 같아요. 어쩌다 부러지거나 상처가 나면 잎에서 라텍스 성분이 포함된 하얀 눈물을 뚝뚝 흘려서 너무 미안해져요.

우리 집에 처음 왔을 때는 아가 같았던 수채화 고무나무가 지금은 늠름한 청년이 되었어요. 우리 아들이 저렇게 당당한 모습으로 자라면 좋겠다는 생각이 들어요.

이렇게 발길이 닿는 데마다 놓아 자주 눈에 띄는 식물들은 제 영혼에 스며들어 동반자가 된 것 같아요. 제게 가장 좋은 에너지를 주는 식물이라, 눈에 제일 잘 띄는 코너에 배치해 두었답니다.

강한 생명력과 유려한 잎을 가진 떡갈나무

쑥쑥 잘 자라면서도 수형이 아름다워 제 사랑을 듬뿍 받고 있는 마지막 나무는 떡갈나무예요. 거실에 1그루, 2층 침실에 1그루 해서 2그루밖에 없지만, 제가 찍은 사진 자료를 보니 떡갈나무가 자주 등장하더라고요. 1그루는 시어머니께서 선물해주셨고,

다른 1그루는 친한 편집장님이 보내 주셨어요. 식물을 선물하면 그 순간의 에피소드로 기록되니 함께 추억을 공유할 수 있는 좋은 방법인 것 같아요.

《실내 식물 사람을 살린다》라는 책에서는 종류나 모양에 상관없이 녹색 식물은 많으면 많을수록 사람에게 좋다고 말해요. 건강과 아름다움, 두 마리 토끼를 잡을 수 있는 플랜테리어를 고심 중이라면 떡갈나무를 추천합니다. 영국 잡지에 보면 집 천장 끝

떡갈나무는 속 썩을 일이 거의 없을 만큼 잘 자라요.

에 닿을 정도로 크게 키워서 모양을 잡은 떡갈나무들이 자주 등장해요. 그만큼 플랜테리어에 많이 활용되는 인기 있는 식물이랍니다. 단, 식물 전체에 독성이 있으니 아이가 어리거나 반려동물이 있는 집이라면 관리에 주의가 필요해요.

지금까지 알려 드린 쑥쑥 나무 삼총사는 인테리어 잡지에 단골로 등장하는 식물계의 셀레브리티들이에요. 어떤 인테리어나 어떤 가구에도 잘 어울린다는 장점이 있습니다. 핀터레스트와 인스타그램에서도 떡갈나무, 아레카야자, 고무나무를 검색해 보면 지구촌 곳곳에서 사랑받고 있는 식물이라는 걸 알 수 있지요. 정통 클래식부터 초현대적인 미니멀리즘까지 모든 스타일을 수용할 수 있는 나무들입니다.

그럼에도 불구하고 반드시 체크해 봐야 할 것은, 내가 이 나무에게서 긍정 에너지를 느끼는지 그렇지 않은지예요. 단언컨대, 식물을 키우는 데 정답은 없습니다. 집집마다 사람마다 느낌과 취향은 모두 다르니까요. 지구상에 다양한 76억 명의 사람들이 있으니 식물을 즐기며 키우는 방법도 76억 개 있습니다. 내게 좋은 에너지를 주는 식물을 찾아 살며시 손을 내밀어 주세요.

떡갈나무는 잎이 아름다워 어디에 놓아도 잘 어울립니다.

Mini Tip

● 아레카야자, 인도 고무나무, 떡갈나무 스타일링법

어울리는 장소 : 거실이나 안방. 부피가 큰 편이라 거실이 압도적으로 잘 어울립니다. 키가 60cm 미만이라면 테이블 위에 놓을 수도 있어요. 다만 실질적으로 공기정화 효과를 보려면 키가 60cm 이상 되는 편이 좋습니다.

놓기 좋은 위치 : 방, 거실, 주방 등 창문과 벽이 만나는 코너 자리. 코너 자리는 데드 스페이스로, 대부분의 집에서 잡동사니가 쌓이기 쉬운 공간입니다. 주로 옷걸이나 휴지통이 놓인 자리라고 생각하면 돼요. 데드 스페이스가 어딘지 잘 모르겠다면 먼지가 어디에 쌓여 있는지 한번 살펴보세요. 사람의 발길이 닿지 않아 먼지가 잘 쌓이거든요. 이런 곳이 동선을 막지 않으니, 화분이 놓여도 불편하지 않아요.

어울리는 화분 : 집의 인테리어가 모던한 느낌이라면, 모노톤(블랙, 그레이, 화이트)의 화분, 내추럴한 느낌이라면 토분이 잘 어울립니다. 자신이 없다면 무늬가 없는 형태의 둥근 토분을 권해요. 단 1개만 포인트로 둘 거라면 강렬한 화분 색상도 좋은데, 그건 집 안 전체적인 분위기까지 고려해야 하는 난이도 있는 작업이라서, 전문가의 도움을 받길 권합니다. 고급 과정입니다.

19

시간이 필요한 나의 나무들

　2010년 겨울, 처음으로 미국 캘리포니아 여행을 준비하면서도 그다지 흥미가 없었어요. 살면서 이상하게도 미국은 특별히 가보고 싶다는 생각이 들지 않았거든요. 미국 문화에 매력이 느껴지지 않았다고 해야 할까요. 그런데도 디즈니 애니메이션에 푹 빠져 디즈니랜드를 보고 싶어 하는 다섯 살 아들과 여섯 살, 여덟 살짜리 조카들과 캘리포니아로 떠났습니다. 그곳에 친한 언니와 형부가 살고 있어서 보고 싶기도 했고요. 그랬던 캘리포니아는 첫 방문만으로 제 마음을 완전히 사로잡았습니다.

　높은 산도, 건물도 거의 보이지 않는 넓고도 평평한 땅, 아름드리나무들이 빽빽하게 서 있는 넓은 공원, 새파란 하늘, 산들바람.

양털같이 뽀얗고 보송보송한 카펫이 깔린 언니네 집 계단에 앉아 하얀 아치형 창문 너머의 파란 하늘을 보고 있으면, 더 바랄 게 없었어요. 조용하고 또 평화롭고. 그곳에도 노트북을 들고 가 똑같이 회사 일을 했는데 뭐가 그렇게 편안하고 좋았을까요? 300Dpi로 찍은 사진 같이 해상도 선명한 기억입니다.

캘리포니아와 레모네이드

캘리포니아에 사는 또 다른 친구네 마당에는 커다란 오렌지 나무와 레몬 나무가 있었어요. 친구는 그 나무에 맺힌 열매를 바로 따서 오렌지 에이드와 레모네이드를 해 먹는대요. 세상에! 정말 부러웠어요. 나무 옆으로는 그네와 미끄럼틀이 있고, 'ㄱ'자로 지어진 단층집에는 3개의 방과 3개의 욕실이 있었습니다. 바비큐 시설까지 갖춘 그 집 한 채가 2010년 겨울 분당 30평대 아파트 한 채 값과 비슷했죠. 당장 가서 살고 싶을 만큼 마음에 쏙 들었어요.

우리나라도 점점 더워지고 있으니 오렌지와 레몬 재배가 가능한 지역이 생기지 않을까요. 대구만 해도 기온이 너무 올라가 사과 농사가 점점 힘들어진다고 해요. 대구 사과 농원들이 강원도로 이주하기 시작했다고 들었습니다. 그러면 머지않아 오렌지와 레몬 농사를 지을 수 있을 것 같아 철없이 반가워요. 지구 온난화 때문에 생기는 일이겠지만, 걱정은 잠깐 미뤄 두기로 해요.

마당에 자두 나무를 심은 이웃이 있어서 나무에서 과일을 따 먹는 낭만적인 장면을 떠올리며 부러워했어요. 하지만 현실은 자두를 좋아하는 온갖 벌레와 새들의 협공으로 애로사항이 많다고 합니다. 모든 일에는 장단점이 있지만, 자두 몇 개 먹기 위해 농약 치고 새 쫓는 건 반갑지 않아요. 마당에서 바비큐를 즐기고, 오렌지와 레몬을 따서 신선한 에이드를 만들어 먹는 상상은 기분 좋은데, 분명 현실은 또 다를 겁니다.

집에서 오렌지 나무를 키우는 건 그저 오래된 저의 로망이었죠. 얼마 전 오픈한 친구의 푸드 스타일링 스튜디오 사진에 오렌지나무가 있는 걸 봤어요. 씨앗부터 키웠다는데, 꽤 무성한 걸 보니 부러웠습니다. 푸드 스타일링, 푸드 컨설팅과 얼마나 잘 어울리는 나무인지! 저도 오렌지와 레몬 씨앗을 심어 싹 틔워 봐야겠다고 생각했어요.

몇 달 전, 아보카도 비빔밥과 아보카도 샌드위치를 해 먹고 남은 귀여운 씨앗을 물병에 담갔어요. 물 꽂이로 싹을 틔우려다 실패해 옥상 큰 화분 속에 심고 잊고 있었는데, 어느새 싹을 틔워 연두색 잎을 올렸어요. 겨울이 오기 전에 뿌리를 깍둑썰기해서 실내로 옮겨 키웠는데, 이번 여름 햇빛 아래서 얼마나 자랄지 궁금합니다. 과연 언제쯤 옥상 정원에서 열리는 아보카도를 먹을 수 있을까요?

마당에서 따 먹는 아보카도

그 사이 미국 언니네는 큰 정원이 있는 넓은 집으로 이사했어요. 살림살이가 나아진 것이니 축하할 일이죠. 언니네 정원에는 키가 2m도 넘는 아보카도 나무가 있는데, 언니가 씨앗을 심어 9년 동안 키운 거라 했어요. 주인의 사랑을 가득 받은 나무는 늠름했습니다. 조그만 씨앗부터 시작해 저렇게 키웠으면 9년어치의 하루하루를 함께 보낸 건데, 얼마나 많은 추억을 같이 쌓았을까요.

열매를 맺고도 남을 크기인데, 아직까진 한 번도 아보카도가 열린 적이 없다고 해요. 아보카도 나무는 암꽃과 수꽃이 피는 시기가 달라 2그루 이상 키워야 열매를 맺는답니다. 작년에 다른 아보카도 나무를 심었다니 올해는 열매를 맺지 않을까요. 옆에 살면 자주 들여다볼 텐데 10시간 넘게 걸리는 그곳은 멀긴 먼 곳입니다.

저의 아보카도 나무도 열매를 맺을지 궁금해요. 저는 3그루의 아보카도 나무를 키우고 있는데, 1그루는 단단하게 자라 줄기를 불리고 있고, 2그루는 웃자랐어요. 언니네 나무처럼 잘 자랄 수 있을지 모르겠어요. 하나는 멕시코산 아보카도, 다른 하나는 캘리포니아산인데 열매를 맺을 수 있을까요. 박완서 선생님의 산문집《호미》에는 선생님이 직접 가꾼 정원 이야기가 나오는데, 수입 꽃들은 거의 한 해 살고 죽어버리고 우리 꽃들은 몇 해가 지나도 꽃을 피웠다고 해요.

언니가 9년 동안이나 키운 아보카도 나무의 늠름한 자태.

슈퍼마켓에 있는 과일들은 번뜩거리는 비닐 포장지 때문에 순수한 생명의 힘이 느껴지지 않아 씨앗을 심어 볼 생각을 거의 하지 못했어요. 그런데 작년에 수박이 하도 맛있어서 문득 그 씨앗을 심으면 똑같이 맛있는 수박이 열릴지 궁금한 거예요. 그래서 씨앗 10개를 심었는데, 때가 잘 안 맞아 그랬는지, 어른 손바닥만 한 수박이 1개 겨우 열렸어요. 기특하게도 맛은 좋았어요. 수박을 좋아하는 아들이 겨우 한 조각 남기고 메뚜기처럼 순식간에 다 먹어 버렸을 만큼요.

작년에 싹을 틔운 나의 아보카도 나무.

저는 백화점에서 아무리 좋은 가방을 사도 점원이 쇼핑백에 예쁘게 담아 주는 그 순간만 조금 기분이 좋은 것 같아요. 하지만 식물은 달라요. 그 즐거움이 오래 지속되거든요. 살아 있는 생명이 주는 에너지를 죽어 있는 가방과 비교할 수는 없겠죠. 이미 어떤 모양으로 자라는지 알고 있는 식물이라고 해도, 각자의 화분에 심긴 나무가 어떻게 자랄지는 예측 불가능해서 언제나 새롭습니다. 지루함을 좀처럼 못 견디는 제가 식물에 싫증을 내지 않는 것도 그 모습이 매일매일 다르기 때문일 거예요. 이 녀석들은 매일 조금씩 달라져요. 마음에 들면 파릇파릇, 마음에 안 들면 시들시들.

지금은 겨우 아보카도 나무를 화분에 담아 키우고 있고 오렌지와 레몬은 아직 시작도 하지 못했지만, 언젠가 더 큰 정원에 이들을 옮겨 심을 생각을 하니 벌써 기쁩니다. 그 나무에서 열매가 맺히고 이를 따게 되는 날이 온다면 얼마나 좋을까요. 긴 시간이 필요한 프로젝트이지만, 아보카도 열매가 가득 열린 나무를 상상할 때마다 사다리를 타고 올라가 왁자지껄 열매를 따는 사람들이 함께 보여요. 땅이 주는 힘과 그 속에 심긴 나무들에 관한 즐거운 상상, 그것만으로도 저는 오늘을 살아갈 에너지를 얻습니다.

천장에 닿을 만큼 키가 자란 아로우카리아예요.

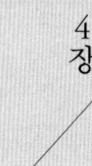

4장

따뜻하게, 싱싱하게, 오래도록

우리 집이 숲이 된다면

20

거기에 너 있었구나

지리산 자락으로 여행을 갔다가 섬진강에 마음을 빼앗겼습니다. 큰 산 사이로 흘러내리는 섬진강 물길에 부서지는 햇빛이 어찌나 반짝이던지, 그곳에 서서 하염없이 바라보고 싶었어요. 그렇게 즐기다 즐기다 밤이 되어도, 그대로 서서 다음 날 아침에 또 보고 싶을 만큼 말이죠.

지리산에 마음을 빼앗긴 건 저뿐만이 아니었나 봅니다. 《토지》의 저자 박경리 선생님도, 《나목》의 박완서 선생님도 이곳을 참 좋아하셨던 걸 보면. 사계절이 표현하는 자연의 진폭이 다채롭고 드넓게 펼쳐질 때 작가의 감수성이 춤을 추었나 봐요. 꽃잎 하나하나에 담긴 리듬감, 각양각색의 나뭇잎 모양, 바람에 부딪히는 잎들의 화음, 그 뒤로 지나는 구름이 드리우는 평화로움까지. 이 모든 것들이 오케스트라의 선율이 되어 그들의 감정선을 건드렸으리라 상상해 봅니다.

지리산은 엄마 품처럼 크고 작은 밭들을 보듬어 안아 각종 농산물을 길러 냈어요. 어느 것 하나 귀하지 않은 게 없지요. 푸성귀조차 밝은 햇빛과 산자락의 맑은 공기만 먹고 자라니까요. 구례의 반찬가게에서 거둬 온 더덕구이와 코다리조림, 고사리나물이 얼마나 맛있었는지, 지리산이 낳은 귀한 산해진미를 매일 먹으며 사는 주민들이 너무 부러워서 배가 아플 지경이었어요.

말린 우엉과 고사리, 둥굴레를 비롯해 더덕과 감까지, 평소라면 그냥 지나쳤을 산지 식품들을 맹목적으로 사서 담았습니다. 홍정도 안 했어요. 이미 지리산의 아름다움에 마음을 홀딱 빼앗겼는걸요. 바리바리 싸 들고 와 엄마와 나누려 하니 "얘, 이런 걸 뭘 거기까지 가서 사 오니. 서울에서 사라. 좋은 건 다 서울로 온다"라고 하셨죠.

자연 속에서 유년기를 보낸 우리 엄마 세대는 모양만 봐도 그게 무슨 나물인지, 언제 나는지, 어떤 게 좋은지 따로 공부하지 않아도 아는 모양입니다. 제가 사 온 더덕은 지리산 더덕이 아니라며 타박하셨는데, 섭섭하지도 않았어요. 저는 아무리 봐도 뭐가 좋은 건지 잘 모르겠어요. 세세히 기사를 읽고 공부해도 도통. 엄마 따라 시장 다니며 좀 배워둘 걸 뭐 했나 모르겠네요.

식물도 서울로 이동해 오는 건 마찬가지인가 봐요. 저의 단골 화원의 사장님은 충청도에서 농원을 하다가 식물이 모두 서울로 가길래 무조건 상경해서 양재 꽃시장 근처로 이주하셨대요. 수입은 확실하게 좋아지셨다고요. 비닐하우스 뒤에 딸린 방에서 살림하고 화초 키워 팔며 고단한 세월을 보내셨는데, 작년 겨울, 토지 보상을 받아 로또 아닌 로또를 맞고는 이제 화원 사업을 그만두셨습니다. 사람은 나면 서울로 가고, 말은 제주도로 가라는 얘기가 있는데, 화초도 그런 걸까요.

발길 손길 닿는 그곳

저는 화원을 따로 정해 놓고 그곳에서만 식물을 사지 않습니다. 그저 발길이 닿는 곳에 꽃집이 있으면 들러 마음에 드는 나무 하나를 데려오고, 또 데려오고 하는 식이에요. 봄·가을엔 집 근처 하나로마트 공판장에 좋은 나무들이 많이 들어옵니다. 양재 꽃시장에도 들르고, 지나가다 보이는 비닐하우스에도 종종 갑니다.

인터넷 사이트도 자주 이용하고요.

식물은 까만 화분째로 데려와 좀 더 지켜본 후, 우리 집에 잘 적응한 것 같으면 그때야 예쁜 화분으로 옮겨줍니다. 이제 분갈이는 혼자 할 수 있으니, 식물을 데려와 집에서 화분을 바꿔 주면 비용도 아낄 수 있어요. 전문가의 도움을 받으면 그 수고에 대한 비용을 치러야 하는 게 당연하죠. 집에서 분갈이하는 건 단지 비싸서 그렇다기보다는 모든 것을 스스로 해야 직성이 풀리는 성격 탓인 것 같아요.

집에 식물 200그루를 들여와 키우다 보니, 식물이 인테리어에 확실히 도움이 된다는 결론을 얻었습니다. 단, 화분이 많을 때는 화분의 색상을 통일해 주세요. 대부분의 식물은 잎이 녹색이라 흰색이나 토분의 색상과 잘 어울립니다. 초록과 흰색 화분의 조합은 모던한 느낌이 들고, 초록과 토분의 조합은 좀 더 편안하고 내추럴한 느낌이 들어요. 저희 집은 가구와 인테리어가 모던한 느낌이라 흰색의 화분이 더 잘 어울리는 편이죠. 다만 전부 흰색이라면 리듬감이 없어 지루해지니 밝은 회색 화분도 섞었어요.

인테리어에는 시선의 흐름이 참 중요해요. 같은 책상, 테이블, 의자, 소파를 놓아도 시선의 흐름을 어떻게 뚫고 차단하느냐에 따

소파를 파티션 삼아 식물 높이의 들쭉날쭉함을 감췄어요.

라 느낌이 천지 차이예요. 일단 큰 가구들은 시선이 따라 흐를 수 있게 배치해 줍니다. 자잘한 소품이 많은 공간에는 파티션을 세워서 시선을 차단하면 답답하지 않아요. 소품은 파티션 뒤로 배치하고요. 저의 경우 소파 뒤로 화분을 배치해 들쭉날쭉한 화분과 식물의 높이를 감춰 시선이 비슷한 높이에 머물게 정리했어요.

화분은 지름 10~30cm까지 여러 크기를 준비해 두면 식물의 성장에 따라 돌아가며 쓸 수 있어서 좋아요. 화분의 부피가 커서 보관하기 어려우면 같은 크기의 화분을 몇 층으로 쌓아 두면 됩니다. 뒤집어서 받침대로 활용하는 것도 방법이에요. 식물의 키가 높아져 보기에 더 좋으니까요. 큰 화분은 부피감, 질감, 양감, 무게 등을 확인해야 해서 주로 오프라인에서 사는 편이지만, 작은 화분은 주로 인터넷에서 구합니다.

화분 분갈이를 위해 꼭 필요한 부자재가 있어요. 배양토, 마사토, 양파망, 비료예요. 있으면 좋지만 없어도 다른 것으로 대체할 수 있는 것들로는, 꽃삽, 꽃 가위, 분무기, 물 조리개(조루)가 있고요. 꽃삽은 흙을 담는 용도인데 없으면 수저나 국자로 대체할 수 있고, 꽃 가위는 잎을 다듬을 때 필요한데 없으면 집 안에 굴러다니는 가위를 써도 돼요. 또 분무기는 잎에 물을 뿜어줄 때 필요하지만 꼭 사지 않아도 대체할 방법은 많지요. 물 조리개도 없다면 생수병을 대신 쓰면 됩니다.

　정원용 농약이나 비료는 설명을 듣고 사는 편이 좋아서, 기분 전환 삼아 양재 꽃시장에 종종 들러요. 화분 관리에 필요한 부자재는 마사토, 계분 비료, 배양토같이 주로 무겁고 큰 포대들이라, 인터넷으로 자주 주문합니다. 오프라인에서 살 때와 비용은 거의 비슷해요.

　화분이 10개 미만이라면 각종 부자재가 없어도 집에 있는 소품으로 대체해 키울 수 있어요. 도저히 집에 있는 애들로는 안 되겠다 싶을 때 사는 게 좋아요. 유럽산 제품들이 보기에는 예쁜데, 저는 빨간 손잡이에 투박하게 생긴 토종 삽, 토종 가위, 호미 이런 게 정감이 가고 좋더라고요. '우리 땅에는 우리 것'이라는 고정관념이 있어서 그럴까요. 장인들이 생산한 가위와 삽들이 가격도 비싸지 않은데 쓸수록 편하니, '과연!' 소리가 절로 나옵니다.

　새봄엔 다양한 화초를 들이고, 초록색 새 생명이 주는 긍정의 에너지를 경험하길 바랄게요. 어제 들른 꽃시장에도 사람이 아주 많더라고요, 사장님들의 얼굴이 기분 좋게 피곤해 보이는 걸 보니 식물을 찾는 이들이 많아져서 그런가 보다 했어요.

집 안에 식물이 가득하면, 공기정화 효과로 환경이 쾌적해지는 것은 물론 싱싱한 초록 에너지를 통해 스트레스가 해소되고 긴장감이 완화돼 심리적 안정감을 얻을 수 있어요. 식물 키우기가 심리 치료의 방법으로 추천되는 것도 이 때문이겠지요. 직접 키우면서 식물이 사람을 살린다는 말을 실감하고 있답니다. 그러니 내일로 미루지 말고, 오늘 가까운 화원에 들러 보세요. 그곳에서 '어머 너, 여기 있었구나' 외치게 될 인연을 만나게 될지도 모르잖아요.

21

우리 집에 왔으면 잘 커야지

지금은 200그루나 되는 식물을 집에서 키우며 각각의 조건에 맞춰 능수능란하게 관리하고 있지만, 저에게도 식물 돌보기에 있어 왕초보 시절이 있었답니다. 처음에는 식물의 이름도 성도 모르고, 그냥 잎사귀 모양이 마음에 드는 것들만 골라 집에 데리고 왔어요. 며칠에 한 번씩 물을 줘야 하는지도 몰라서, '물 한 번 주고 눈치 보고, 또 한 번 주고 눈치 보고'를 반복했어요. 일이 바쁠 때는 전혀 돌보지도 못했고요.

그렇지만 사람은 대단히 빨리 적응하는 동물이에요. 미세먼지 가득하던 날 바깥에서 놀고 온 아들이 쏟은 커피에 빨갛게 젖어 가던 휴지 뭉치. 그 장면이 저의 행동에 변화를 가져온 강력한 모티브가 되어 본격적인 식물 관리에 들어갔어요. 집에 화분이 점점 늘어가자 이들을 돌보는 데도 요령이 생겼죠. 사실 미세먼지가 아니더라도, 요즘은 실내공기의 질이 너무 나빠지고 있어서 반드시 공기정화를 위한 노력이 필요해요. 집에 식물을 들여오는 것, 이것만큼 건강하고 지속 가능한 방법도 없는 것 같습니다.

식물 기본 관리법

주변에도 자연의 정화 능력을 느끼고는 식물을 하나둘 늘려가는 분들이 많아졌어요. 그렇게 점차 늘려가다 보면 이 많은 식물을 어떻게 관리해야 하는지 걱정되기 시작할 거예요. 자, 식물 관리에서 제일 중요한 팁을 공개합니다. '밑줄 쫙!' 치고, 머릿속 형광펜으로 여러 번 칠한 후, 꼭 외우기 바랍니다.

화원이나 꽃집에서 흔히 볼 수 있는 식물 대부분은 우리나라 기후에 잘 자란다는 점에서, 비슷한 조건을 가지고 있어요. 그러니 일반적인 다음 세 가지 기준을 기억해 두면 좋아요.

하나, 뿌리는 건조하게 잎은 촉촉하게
화분에 물을 줄 때는 흙이 완전히 말랐는지 확인한 후, 뿌리 끝까지 젖도록 충분히 물을 주세요. 여러 번 하다 보면, 물이 화분 바닥까지 도달하면서도 절대 흘러넘치지 않는, 딱 알맞은 양을 알게 됩니다. 화분의 흙이 완전히 말랐는지 어떻게 알 수 있느냐고요? 화분의 흙 속에 나무젓가락을 꽂았다 빼도 흙이 묻어나오지 않는다면 완전히 마른 겁니다. 몇 번 반복하면 일일이 화분을 쑤셔보지 않아도 감이 올 거예요.

식물이 많다 보니 일반 분무기는 한 달쯤 쓰면 고장이 나요(그런데 왜 제 손은 멀쩡한 걸까요?). '마로렉스' 압축 분무기는 8개월째 잘 버티고 있어요. 어떤 위치에서든 360도 분무할 수 있고, 노즐로 물의 세기도 조절할 수 있는 데다, 스위치를 채워 놓으면 연속 분사도 된답니다. 시간을 아낄 수 있는 강력한 아이템이지만, 화분이 몇 개 되지 않는다면 굳이 필요 없어요.

둘, 노랗게 변하거나 시들시들한 잎은 제거하기
보통 이때부터 포기하게 되는데, 절대 상심하지 마세요. 잎이 그렇게 된 건 절대로 내가 잘못해서 생긴 일이 아니에요. 식물은 살아 있으니까 당연히 시든 잎이 생기기도 하고, 잎이 노랗게 변하기도 한답니다.

하지만 노랗게 변해버린 잎을 계속 그대로 두면, 곰팡이나 세

균의 온상이 되기도 하고 혹시 모를 병이나 해충이 더 넓게 퍼지기도 해요. 그러니 눈에 띌 때마다 바로바로 제거하는 게 좋아요. 제거할 때에는 정원용 가위가 있으면 편리합니다.

다만 잎이 시들시들해지는 건 식물의 뿌리가 너무 말라서 그럴 수도 있으니, 먼저 물을 주고 하룻밤쯤 지켜보세요. 그래도 잎이 살아나지 않으면 제거합니다. 시든 잎을 제거할 때는 생장점®을 자르지 않도록 조심해야 해요. 생장점이 잘리면 수형이 틀어져 모양이 예쁘게 자라기 힘들거든요. 잎만 제거할 경우엔 큰 문제 없지만, 혹시 줄기나 가지를 자를 경우엔 주의를 기울여야 해요.

셋, 뿌리에는 비료와 EM 용액을, 잎에는 분무기로 EM 용액을

마지막으로 추천하는 방법은 EM 용액을 적극적으로 활용하는 겁니다. 미생물을 배양한 EM 용액은 사용설명서를 읽어 보면 만병통치 용액이에요. 식물의 잎이나 뿌리에 물을 줄 때, 물 1L당 EM 용액 2mL 정도를 넣어서 주면 벌레가 사라져 거의 보이지 않게 됩니다. 저희 집은 자연과 친해서 다양한 벌레들이 자주 출몰하곤 하는데, EM 용액 덕분에 선방하고 있습니다. EM 용액은 구청이나 동사무소에서 무료로 배포하기도 하니 사기 전에 잘 알아보세요.

● 생장점

식물의 줄기와 뿌리 끝에 있어 세포를 증식시키고 기관을 형성하면서 성장을 돕는 것이 생장점입니다. 줄기의 끝눈과 곁눈에 생장점이 있는데, 끝눈의 생장점은 줄기가 위로 곧게 자라게 도와요. 식물이 성장할 때는 먼저 끝눈의 생장점이 분열을 거듭하며 위로 곧게 자라나는데, 이 끝눈을 잘라내면 더 자라지 않습니다. 결국, 식물은 옆으로 자라는 것보다 높이 자라는 게 더 중요하다는 것을 알 수 있지요. 끝눈이 어느 정도 자라서 곁눈과의 거리가 벌어지면 곁눈의 생장점도 분열해 가지로 자라납니다. 뿌리에 있는 생장점은 뿌리 끝의 뿌리골무로 싸여 있고, 뿌리를 땅속으로 뻗어 나가게 만들어요.

생장점을 자르지 않게 조심하세요.

식물들은 화분에 담기는 순간, 스스로 영양을 수급하기 어려워집니다. 영양분이 모자라면 쓸데없이 키만 커져서 연약해지고, 나무 모양도 덜 예쁘게 자라요. 비료는 뿌리 전체에 영양이 골고루 갈 수 있도록 물에 섞어 쓰는 액체 형태를 추천해요. 겨울에는 식물의 성장이 거의 멈추니, 봄부터 사용하면 됩니다.

매일매일 꾸준히

여기까지 마치고 나면, 식물을 키우는 일이 다소 심심하게 느껴질 수 있어요. 그럴 때는 잎을 솎아 주는 일을 하면 됩니다. 빽빽한 잎에는 병충해가 생기기 쉬우니, 바람이 잘 통하게 만드는 거예요. 잎을 잘 솎아 모양을 예쁘게 잡아 주고 잘라 낸 줄기는 물에 꽂아 주세요. 초록을 조금이라도 더 즐기다가, 운 좋게 뿌리를 내린 줄기가 있다면 나무로 키울 수 있어요.

쌀을 씻고 난 쌀뜨물을 화분에 주면 식물에 좋은 영양이 됩니다. 쌀뜨물에는 단백질 성분과 유기물질이 많아 바로 하수구에 버리면 BOD 수치가 높아져 또 다른 오염원이 된다고 해요. 번거롭기는 하지만 그냥 버리지 말고 화분에 주면 식물도 잘 자라고 환경오염도 막을 수 있으니 일거양득이죠.

미생물을 배양시킨 EM 용액.

비료로 쓰기 위해 모은 달걀 껍데기들.
서너 달에 한 번 정도면 충분해요.

달걀 껍데기를 구워 가루로 만들면 비료로 쓸 수 있어요. 모아 놓은 달걀 껍데기들을 오븐에 넣고 30분간 굽습니다. 이를 믹서에 넣고 갈면 끝. 달걀 껍데기를 믹서에 갈면 입자가 작아져 토양 흡수율이 올라갑니다. 믹서의 무뎌진 날이 살아나는 건 덤이죠. 달걀 껍데기에는 칼슘, 질소, 인산이 풍부하게 포함되어 있어서 식물에 정말 유익해요. 조금만 부지런해지면, 쓰레기도 줄이고 환경오염원도 없애고 정말 많은 것을 되살릴 수 있어요.

식물들이 자라는 모습은 아이가 성장하는 모습과 비슷한 것 같아요. 나무의 뿌리는 마음과 같고요. 겉으로 잘 보이진 않지만 뿌리가 빼곡하고 단단하게 자라면 결국 새순을 밀어 올려 틔워 내고 말거든요. 뿌리가 건강하지 않은 나무는 결국 잎과 꽃을 틔우지 못하고 열매도 맺지 못하죠. 다 자란 그리고 많은 걸 성취한 어른이 되어서도 행복하지 않다면 어쩌면 마음의 뿌리가 빼곡하게 자라지 못해 자꾸 흔들리기 때문이 아닐까요.

저는 '매일매일'의 힘을 믿어요. 천재 화가 피카소도 그저 자신은 매일매일 그림을 그릴 뿐이라고 말했지요. 최근 베스트셀러가 된 《영어책 한 권 외워봤니?》의 저자 김민식 씨도 통역사 출신의 PD로 바쁘게 생활하면서도 매일매일 책을 읽고 블로그 활동을 하며 영어뿐 아니라 일본어와 중국어까지 통달했다고 합니다. 그의 부지런함을 보며 자극을 받는 한편, 매일매일의 힘을 더욱 믿게 되었어요.

식물을 건강하게 잘 기르는 데도 매일매일의 힘이 필요해요. 작은 관심과 몸을 조금 더 움직이는 노력만으로 24시간 신선한 공기를 마실 수 있다면, 가성비 좋은 투자가 아닐까요.

식물이 곁에 있으면 언제나 마음이 편안해요.

22

봄철 분갈이와 영양 보충

　식물은 봄에 분갈이해야 한다는 건 어깨너머로 들어서 알고 있었어요. 그런데 그냥 외면하고 싶은 거 있죠. 화분 속에 숨어 보이지 않는 흙에 대한 막연한 두려움이 있었던 것 같아요. 풀벌레들이 뿌리를 타고 스멀스멀 기어 다닐 것 같고, 애벌레가 대롱대롱 매달려 있을 것 같기도 하고요. 또 뿌리를 잘못 만졌다가 식물이 바스러지기라도 하면 어떡해요.

　그래서 못 본 척 지나치려는데, 식물이 새잎을 틔워 올리는 봄에 성장이 그대로 멈춰 있는 나무들이 느껴지는 겁니다. 엄마의 본능이랄까요. '아, 화분이 작구나' 하는 느낌이 왔어요. 더 이상 크지 않는 거야 괜찮은데, 화분 안에 뿌리가 꽉 들어차면 식물들이 숨을 쉬지 못해 죽어요. 2년쯤 잘 키웠는데 갑자기 시들시들하다면 100% 분갈이 시점입니다. 더 미룰 수 없을 때까지 온 거예요.

　분갈이에 필요한 준비물은 돗자리, 장갑, 정원용 가위, 보충용 흙, 진흙을 제거한 세척 마사토, 양파망 그리고 새 화분. 장갑을 끼지 않고 흙을 만지면 손이 금세 망가져요. 작업할 때마다 장갑을 꼈는데도 제 손바닥은 나날이 두꺼워지고 있습니다. 솔직히 장갑은 손이 상할까 싶어서라기보다 장갑 없이 흙을 만지다가 불쑥 나타나는 지렁이 같은 걸 만지고 싶지 않아서 낍니다. 눈으로 보는 건 웬만큼 견딜 수 있게 됐지만, 아직도 벌레를 손으로 만질 정도는 안 됐어요. 내공이 부족한 거죠.

　먼저 장갑을 끼고, 바닥 돗자리를 펴요. 예전에는 돗자리 대신 신문지를 깔고 했는데, 신문지는 축축한 흙의 무게를 이기지 못해 금방 찢어지니 비닐 소재의 돗자리가 좋아요. 흙의 무게도 잘 지탱하고, 흙 부스러기를 탁탁 털어내면 마무리도 깔끔합니다. 지름 20cm 미만의 작은 화분이라면 큰 쇼핑백 안에 넣고 분갈이 하는 것도 방법이에요.

　양파망은 새 화분의 물구멍을 막아 주는 용도인데요, 막지 않으면 물을 줄 때마다 바닥에 동그란 흙 동전이 생겨요. 그만큼 흙이 유실되는 겁니다. 그렇게 되면 분갈이를 다시 해 줘야 해요. 시중에 파는 거름망도 써 봤는데, 저는 양파망이 제일 좋더라고요. 살림하면서 꼭 챙겨 두게 되는 3종 세트가 달걀 껍데기, 쌀뜨물, 양파망입니다.

정원용 가위는 흙 봉지를 개봉할 때, 잎을 솎아낼 때, 뿌리를 자를 때 등 두루두루 필요해요. 보충용 흙은 주로 '드림 상토'를 쓰고 있어요. 식물들도 잘 자라는 편이에요. 마사토는 화분 아래쪽에 깔아 물 빠짐을 좋게 하는 용도로 씁니다. 마사토를 씻지 않으면 진흙이 많이 묻어 있어 물을 따라 화분 아래로 흘러요. 지저분해서 싫더라고요. 게다가 화분의 흙이 점점 단단해져 공기층을 없애니 뿌리가 숨쉬기 힘들어합니다. 그러니 세척된 마사토를 쓰는 게 좋아요. 대형 화분일 경우 스티로폼을 큼직하게 잘라 넣어 물 빠짐을 좋게 만들기도 합니다.

가장 많이 쓰이는 하얗고 긴 도자기 화분은 물 빠짐에 특히 주의해야 해요. 도자기 자체가 물을 배출하지 못하는 성질이 있는데, 흙으로 가득 채우면 물이 잘 빠지지 않아 뿌리에 통풍이 안 되거든요. 세로로 긴 형태의 화분이라면 흙은 반 정도만 채우는 게 좋습니다. 제 경험으로는 도자기 화분이 플라스틱 화분보다 관리하기 힘들었어요. 물론 우리 집에만 유난히 더 안 맞는 것일 수도 있고요.

분갈이 필수품, 가위, 장갑, 새 흙

자, 그럼 본격적으로 분갈이를 시작해 볼까요? 우선 비닐 소재의 돗자리를 바닥에 펴고, 그 위에 화분을 눕힌 후 식물의 가장 큰 줄기를 잡아 화분에서 살살 꺼내 줍니다. 뿌리의 흙을 털고 상한 뿌리를 잘라 내 전체적인 부피를 줄입니다. 새 화분에 흙을 채운 다음 세우고, 식물을 화분 중앙에 반듯하게 놓은 후 가장자리에 흙을 채웁니다. 이 과정에서 실패하면 삐딱하게 심긴 나무를 계속 봐야 하는데, 저는 비뚤어진 나무를 보는 것이 정말 힘들더라고요. 그러니 이때 중심을 잘 잡아 주는 게 중요합니다.

저희 집에는 큰 나무가 많은 편이라 혼자서 분갈이하긴 힘들어요. 그래서 한 사람이 중심을 잡고 식물을 반듯하게 세운 뒤에, 한 사람이 흙을 채우며 계속 중심을 맞춰가는 방식으로 분갈이합니다. 작은 나무일 경우엔 줄기를 반듯하게 세우고, 숟가락 같은 것으로 가장자리 공간에 흙을 조금씩 채워가면 돼요. 중심이 바로 잡히지 않으면 다시 눕히고 바로 세우고 하는 과정을 반복해야 하니, 천천히 침착하게 중심을 잡아 식물을 심어 주세요.

　분갈이 목적은 뿌리가 성장할 수 있는 공간을 확보하고, 흙을 보충함으로써 식물에 영양을 공급해 주는 것입니다. 식물마다 좋아하는 물 빠지는 정도가 다르니, 배양토와 마사토 비율은 식물 관련 책자를 보며 참고하는 게 좋아요. 모양이 비슷한 식물이라면 키우는 방법도 비슷합니다. 사촌, 팔촌이라고 보면 됩니다.

뿌리가 빼곡하게 자란 스킨답서스.

식물에 따라 분갈이에 적당한 화분 크기도 모두 다른데요, 대체로 지금의 화분보다 한 사이즈 정도만 크면 괜찮습니다. 지름이 18cm인 화분일 경우 20cm 화분 정도면 OK. 화분이 너무 크면 좋아하지 않는 애들도 있거든요. 대개는 1년 반에서 2년 정도면 뿌리가 꽉 차니 이때 분갈이를 해야 해요.

영양제는 그동안 수용성 화학 비료를 썼는데, 화학 비료가 식물이 자생하는 힘을 약하게 만든다고 해서 친환경 유기 비료를 써보려고 해요. 식물들도 스스로 병충해를 물리칠 수 있게 균형을 잘 잡아 줘야 하는데 밸런스가 깨지면 뭔가 이상이 옵니다. 올해는 장식용 돌처럼 아름다운 모양의 비료를 써볼 계획이에요. 어서 집필을 마치고 나무와 잔디가 본격적인 성장을 시작하는 봄, 마음껏 흙장난, 물장난하고 싶어요.

23

반려식물과 싱싱한 여름나기

여름이 되면 나무들의 아우성이 대단합니다. 강렬하게 내리쬐는 태양에 자꾸 목마르다고 잎이 축축 늘어지고, 잔디도 노랗게 질려서는 아침저녁으로 물을 찾아요. 심지어 가만히 있던 아들 녀석까지 시원한 물을 계속 달라고 하지요. 선큰에 자리 잡은 큰 나무 2그루와 1층과 옥상의 잔디밭, 집 안 곳곳에 위치한 200여 개의 화분 그리고 아들을 위해서는 정말 많은 물이 필요해요.

이렇게 더운 날엔 가만히 있어도 힘든데, 할 일이 점점 더 많아집니다. 바쁜 회사 일에 여름에만 늘어나는 이런 일까지 더해지면, 새벽 4시 30분부터 시작되는 일과에도 숨 돌릴 틈이 없어요. 매일 글을 쓰는 시간을 확보하고, 드로잉을 하고, 읽고 싶은 책을 읽다 보면 시간이 모자랍니다.

　겨울의 식물 관리는 여름과 비교하면 정말 할 게 없는 겁니다. 어쩐지 별로 힘들지 않더라고요. 그런데 생물의 성장 속도가 급격하게 빨라지는 여름에는 화분의 흙도 금방 마릅니다. 무럭무럭 자라는 나무가 예쁘게 모양을 갖추려면 비료도 규칙적으로 공급해야 하고요. 영양소가 모자라면 웃자라서 가지가 들쭉날쭉 볼품없게 자라고, 잎사귀의 크기도 제각각 달라져서 비례, 균형, 대칭, 리듬감이 깨지기 쉽거든요.

　급격하게 성장하는 나무들은 밑동 가까이 있는 오래된 가지들을 제거해 주면 더 신나게 새잎을 밀어 올립니다. 가지가 튼실하게 자라는 속도보다 잎이 나는 속도가 빠르니, 지지대를 세워 주면 나무가 반듯하고 예쁘게 자라는 데 도움이 돼요. 이때, 지지대는 나무의 색상과 비슷한 것으로 고르기를 추천해요. 그래야 시선에 걸리지 않으니 플랜테리어적으로도 훨씬 아름답습니다. 가지치기로 잘려 나온 가지들을 버리지 않고 지지대로 쓰면 일거양득이죠.

　앞서 말했듯, 영양제를 따로 사지 않아도 쌀뜨물과 달걀 껍데기를 구워 만든 가루를 비료로 쓰면 됩니다. 콩을 씻어 낸 물도 좋고, 저는 마시다 남은 차를 화분에 부어 주기도 해요. 가끔 유통기간이 지나버린 액상 칼슘 같은 영양제를 물에 희석해서 줄 때도 있지요. 씹어 먹는 종합영양제 같은 건 물에도 쉽게 녹아서 흙에 흡수되니, 그냥 화분 위에 두기도 합니다. 무엇이든 쉽게 휴지통에 던져 버리지 않고 끝까지 쓸모를 찾아내 활용하면, 환경을 덜 오염시켰다는 위안을 얻을 수 있어요.

여름엔 벌레들도 보이기 시작하는데, 잊지 않고 EM 용액을 섞은 물을 잎사귀와 뿌리에 뿌려 주면 간간이 눈에 띄기는 해도 창궐하는 건 막을 수 있어요. 덥고 습해서 벌레가 살기 좋은 계절이니, '비오킬'이나 '빅카드' 같은 살충제를 미리 준비해 두면 한결 마음이 놓일 거예요.

한번은 마요네즈가 진드기와 응애 제거에 효과가 있다고 해서 적당량을 물에 타서 식물에 분무해 줬어요. 그런데 바닥이 끈적끈적해지고 말았어요. 이 방법은 베란다가 아닌 실내에서 식물을 키울 경우에는 부적합한 것 같아요. 옥상 텃밭에서 다시 시도해 볼 예정입니다.

고만고만한 키의 해피트리 5그루에 지지대를 세웠어요.
반듯하고 예쁘게 자랐으면 좋겠어요.

솜깍지벌레, 개각충, 응애 퇴치법

식물을 실내에서 키울 때는 적어도 외부로부터 유입되는 해충과 병이 없으니, 실외에서 키우는 것보다 해충 관리가 쉬운 편이에요. 실내 식물에 주로 많이 생기는 벌레는 솜털같이 생긴 깍지벌레예요. 솜깍지벌레는 잎이 건조할 때 많이 생긴다고 하는데, 사실 매일 분무해 줘도 생기더라고요. 하루 두세 번씩 분무해 준다면 괜찮을지 모르겠는데, 그렇게 하면 일이 많은 상태에서 너무 스트레스를 받을 것 같아 솜깍지벌레가 생기면 그때그때 제거하자고 마음먹었어요. 솜깍지벌레가 보이면 손으로 쓱 문질러 없애기도 하고, 곁에 있는 솔로 털어내기도 합니다.

개각충이라는 벌레도 봤어요. 작은 몸에 거북이 등딱지를 얹어 놓은 것 같이 생긴 작은 벌레예요. 이 벌레가 창궐하면 화분 주위 바닥이 온통 끈적끈적해져요. 잎이 끈적끈적해지면 병해의 온상이 될 수 있으니, 일단 물로 깨끗하게 씻기고 알코올로 잎 앞뒤를 닦아 주세요. 흰 장갑을 끼고 천에 알코올을 적셔 잎을 닦으면 빠릅니다.

아주 작은 벌레가 거미줄 비슷한 망을 치며 꼬물거리고 있다면, 응애예요. 잘 보이지 않으니까 얘가 제일 찝찝해요. 유칼립투스에서만 봤지요. 이건 《실내공기정화식물 50》에서 알려 준 천연 방제

액으로 퇴치하면 됩니다. 따뜻한 물 230mL, 오일(식용유) 10mL, 주방세제 0.6mL를 잘 섞은 후에 뿌려 주면 되는데, 기름 냄새가 약간 나지만 효과가 좋아요. 진드기 퇴치에도 효과가 있고요.

    한번은 유리 세정제를 한두 방울 타서 잎에 분무해 줬더니 잎이 반짝반짝해졌어요. 그렇지만 환기가 가능한 날에만 사용하는 방법이에요. 환기를 시킬 수 없으면 아무리 적은 양이라고 해도 분무한 유리 세정제를 저와 가족이 들이마시게 되니 안 되겠지요. 저는 초미세먼지 농도 $20\mu g/m^3$ 미만일 때만 맞바람으로 환기를 합니다. 물이 고이면 썩는 것처럼 공기도 고이면 실내 오염물질이 쌓여 나쁘거든요. 환기를 자주 해 주는 게 좋은데, 여름에는 미세먼지 때문에, 또 오존 때문에 쉽지 않아요.

    화분의 스파티필룸이 시들시들해져서 잡아당겨 보았더니 뿌리가 쑥 빠집니다. 스파티필룸은 지금까지 한 번도 벌레의 공격을 당해 본 적이 없는데 그런 모습은 처음 봤지요. 제가 모르는 벌레의 공격인 것 같아서 물에 '빅카드'를 희석시켜 뿌려 주었어요. 괘씸한 녀석들. 내가 얼마나 오랫동안 정성 들여 키운 아이인데! 식물들을 공격하는 벌레가 나타나면 두 주먹을 불끈 쥐게 됩니다. 그럼에도 양육자는 지켜보고 도와줄 뿐, 결국 나무 스스로가 벌레와 싸워 이겨내야겠죠.

씩씩하고 무탈하게 자라는 수채화 고무나무에서 영감을 받아 그림을 그렸어요.

24

식물을 살리는 습관

저도 꽤 부지런하다고 자부하는데요, 살다 보니 저와 비교할 수 없을 만큼 많은 일을 처리해 내는 사람들을 만날 때가 있어요. 그런 사람들은 원래 뛰어나게 타고난 사람들이겠거니 했는데, 《리추얼 *Daily Rituals*》이라는 책을 보니, 천재들도 일상 속에서는 우리랑 다를 게 없는 평범한 사람들이더라고요. 그런 사람들은 대체 어떻게 살길래 같은 시간 안에 그렇게 많은 것을 생산할 수 있는 걸까요? 종일 따라 다니며 관찰하고 싶을 만큼 궁금해요.

예를 들면, 박완서 선생님. 아이가 다섯이나 되는데 이들을 키우면서 직접 옷도 만들어 입히고, 밤새 연탄불을 갈아가면서 이불에 풀을 먹여 시침질하고 홑청을 바꾸는 등 대단히 생산성이 뛰어난 생활인이셨어요. 얼마나 바지런하고 똑똑한 분이면 그 와중에도 거의 매해 책을 쓸 수 있었던 걸까요. 하루만이라도 곁에서 뵈었으면 좋았을 텐데 너무 아쉽습니다.

김민식 PD의 책을 보니, 이 분은 한 번에 한 가지가 아니라, 한 번에 두세 가지 일을 처리합니다. 설거지하면서 또 길을 걸으면서 영어 공부를 하는 등 한 번에 한 가지씩 직렬로 업무를 처리하는 게 아니라, 여러 업무를 동시다발적으로 처리하는 병렬식 프로세스를 따르고 있더라고요. 오랜 시간 수련하다 보니 몸에 밴 게 아닐까 싶어요. 고대 그리스의 철학자 아리스토텔레스도 '우리는 우리가 반복한 행동의 결과물이다. 뛰어나다는 것은 행동이 아니라 습관이다'라고 말하기도 했죠.

매일 새벽 5시에 일어나 새로 지은 밥과 새로 만든 반찬으로 가족들에게 아침을 먹이는 워킹맘 친구를 보며 비슷한 생각이 들었습니다. 아침에 일어나면 세수를 하는 것처럼 이건 오랫동안 해와서 몸에 밴 자동화 프로세스를 따르는 것과 같아요. '살림왕'으로 유명해진 작가들을 볼 때도 그런 생각을 합니다. 개인적인 시련과 상황 때문에 짊어져야 했던 살림을 습관으로 잘 승화해 씩씩하고 올곧게 밀어 나간 것이지요.

오랜 결혼생활을 끝낸 친구에게, 저도 모르게 "잘했어!"라는 칭찬과 격려의 말이 튀어 나왔습니다. 딸이 아빠와 지내게 되어 주말에만 엄마를 만날 수 있다는데, 어떡하나 싶던 제 우려와 달리 감정을 잘 다스리며 상황에 적응해가고 있는 친구 딸의 얼굴은 오히려 밝고 편했습니다. 쉽지 않을 감정을 물 흐르듯 처리해가는 아이들이라면 어딜 가서 무엇을 해도 잘 해낼 것이라는 믿음이 생겼어요.

우리는 모두 결국 자신이 가진 프리즘으로 세상을 바라보게 됩니다. 제가 가진 프리즘이 맑고 투명하고 유연하면 좋겠어요. 세상을 있는 그대로 받아들이려면 너와 내가 다르다는 걸 완벽하게 수용해야겠지요. 내가 혹은 그가 이상한 게 아니라, 우리 모두 다르지만 소중한 사람들인 거예요.

순수한 마음에서 출발한 권유라도 인간 본성인 독립성을 훼손할 수 있어요. 이게 좋으니까 너도 해 보라는 건 강요를 내포하고 있기 때문이죠. 유칼립투스에게 라벤더의 향이 좋으니 너도 그 향기를 내보라고 한들 그 향이 날 리가 없겠지요. "이게 좋더라"라고 말하면 "그래? 나도 해볼래"로 대화가 이어지는데, "이게 좋아. 너도 해"라고 하면 대화가 막히잖아요.

생각하는 방식, 살아가는 방식은 몸에 배는 거라서 바꾸려고 해도 잘 안 돼요. 몸에 밴 것은 머리카락이나 손톱처럼 가만히 두어도 자라는데, 좋은 습관으로 가다듬으려면 의식의 세계에서 끊임없이 행동을 수정하는 반복 훈련이 필요한 겁니다. 그렇게 훈련하다가 무의식적으로 자연스럽게 물 흐르듯 하게 되었다면 마침내 습관이 된 것이죠. 제게는 문 살살 닫기, 그릇 살살 내려놓기, 발걸음 살살 걷기, 아침에 일찍 일어나기, 침대 정리하기 등의 훈련 목록이 있어요.

무의식이 움직이는 손

인간의 뇌 회로도를 바꾸는 데는 약 90일이 걸린다고 해요. 단군 신화의 웅녀가 100일 동안 마늘을 먹고, 신생아가 태어난 지 100일이 되는 날을 축하하고, 미국의 작가 줄리아 카메론Julia Cameron이 창조성을 위해 90일 동안 매일 아침, 모닝 페이지를 쓰라고 한 것도 이와 관련 있는 것 같아요.

차를 운전하는 것도 습관의 영역으로 변합니다. 처음에는 시동 걸고, 핸들 잡고, 기어 넣고, 가속페달 밟고, 깜빡이 켜고, 클러치를 밟아야 한다고 의식적으로 생각하면서 온 신경을 집중시키지요. 그런데도 동작과 동작 사이가 부드럽게 연결되지 않아 시동을 꺼뜨리기도 하고요. 하지만 일정의 시간이 흐르고 난 지금, 차를 운전하며 다양한 생각을 하고, 영어나 중국어를 듣기도 하고, 곁에 있는 사람과 대화를 나누기도 해요. 초보 시절엔 언제 그런 시절이 올까 까마득해 보였지만 말이죠.

식물을 키우는 데도 물 흐르듯 익혀야 하는 몇 가지 습관이 있어요. 망설이는 순간 없이, 의식보다 앞서 손이 나가서 움직이게 되는 상태. 노란 잎이나 시든 잎을 보며, '노랗구나' 의식하는 순간 손은 벌써 그 잎을 따고 있죠. 벌레를 발견했을 때도 마찬가지고요. 햇빛이 비치는 방향으로 화분을 돌려 줘야겠다 싶을 때도 습관적으로 손이 먼저 튀어 나갑니다.

식물이 제 삶으로 들어온 이후 더욱 바빠졌지만, 제가 이들을 잘 돌보고 있다는 사실이 큰 위안이 될 때가 많아요. 키우고 먹여야 할 식솔들이 200명이 넘다 보니 마치 종갓집의 유능한 안주인이라도 된 것 같거든요. 저 녀석들은 언제나 새파란 얼굴로 싱싱하게 웃고 있어요. 좀처럼 화낼 줄도 모르는 녀석들이죠.

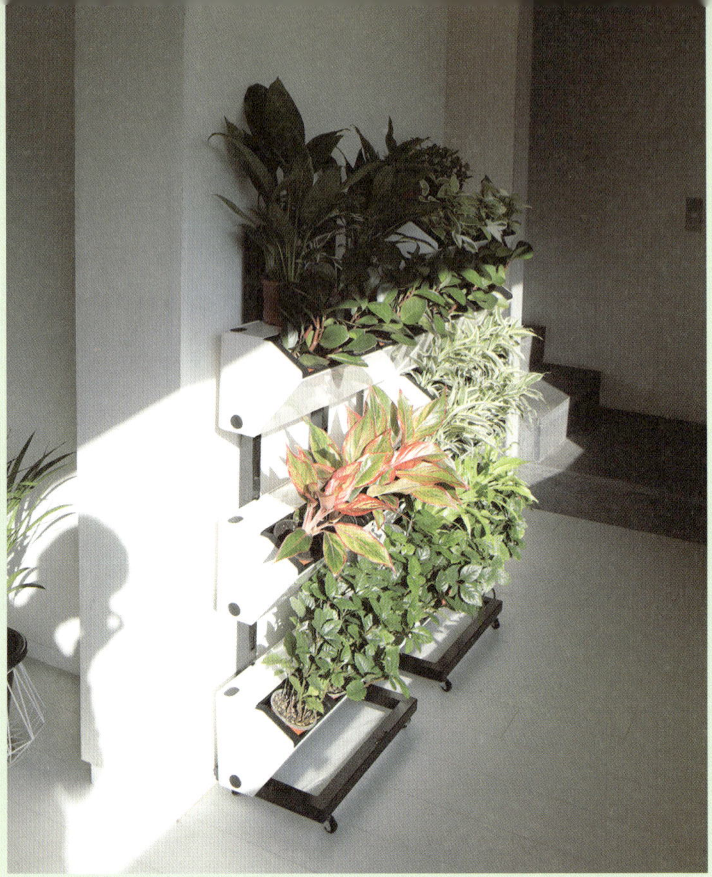

햇볕을 받으며 싱싱하게 웃고 있는 녀석들.

Mini Tip

• 식물을 예쁘게 키우고 싶다면?

식물은 해가 나는 쪽으로 가지를 뻗고 잎을 틔워요. 본능대로 자라도록 그냥 내버려 두면 줄기가 휘고 한쪽만 잎이 무성해져 모양이 덜 예쁘답니다. 그러니 수시로 반대편으로 화분 방향을 돌려 반듯하게 자랄 수 있게 도와줘야 해요. 화분을 돌릴 때마다 내가 너무 심술궂은 걸까 생각해요. 해를 많이 본 쪽이 싱싱하고 풍성하게 자란 덕분에 반대로 돌려놓으면 실내에서 더 예쁜 모양을 볼 수 있거든요.

오늘도 저는 잎에 붙은 벌레들을 손으로 문지르고, 노란 잎을 따고, 화분을 반대로 돌려놓고, 잎이 늘어진 화분에 물을 주면서 무의식이 작동하는 순간을 즐겼습니다. 어제보다 좀 더 잘하게 됐나 스스로 점검하면서요. 물 흐르듯 자연스럽게 계속하게 되는 데는 지름길도, 비법도 없어요. 그렇게 인정하고 '그래, 잘하든 못하든 그냥 매일매일 꾸준히 하자'라고 생각합니다.

누구보다 잘하고 싶다는 생각은 지우는 게 좋아요. "다 맞았어?" "1등 했어?" "이겼어?"라는 말도 박박 문질러 지웁니다. 그저 어제의 나보다 쌀 한 톨만큼이라도 나은 사람이 되었다면 충분해요. 새벽에 일어나 글을 써도 행복한 건, 어제의 글보다 오늘 글이 스스로 느끼기에 좀 더 낫기 때문이에요. 에너지를 한 방울도 남김 없이 완전연소한 날에는 잠도 잘 옵니다.

책은 마음을 닦아 주고 생각을 늘려 주는 마법사 같아요.

25

추위 타는 식물들을 위한 응급처치

주택에서 첫 번째 겨울을 맞았을 땐, 식물들이 단체로 '얼음 땡' 놀이를 하는 줄 알았어요. 다들 그대로 멈춰 꼼짝도 하지 않더라고요. 살아 있는 건지 죽은 건지 대체 어떻게 알 수가 있겠어요. 그런데도 봄이 되니 꿈틀꿈틀 솟아납니다. 생명의 힘. 나무마다 제 힘껏 새싹을 틔워 밀어 올리는 것을 보면 알 수 있어요.

지난겨울은 유난히 길어 과연 그럴 날이 오긴 올까 싶었어요. 기온이 영하 10도 이하로 내려가는 날씨를 이토록 자주 봤던 겨울이 있었던가요. 2017년에서 2018년으로 넘어가는 겨울은 기록에 남을 만큼 추웠습니다. 실제로 30년 만에 가장 추운 겨울이었다고 하네요. 모든 일에 단점만 있는 건 아니라고, '올여름엔 해충이 좀 덜 하겠구나' 기대해 봅니다.

머리카락까지 얼어붙을 것 같은 추운 겨울이나 혼이 쏙 빠질 만큼 더운 여름은 사람도 견디기 힘들죠. 이런 가혹한 조건은 식물에도 어려운 코스에요. 실내 공기정화식물 중 대부분은 영상 15도 이상의 온도에서는 무난하게 견디는데, 유난히 춥고 길었던 이번 겨울을 버거워하는 것 같았죠. 저희 집에도 시들시들해진 노란 잎으로 불만을 표시하는 애들이 몇 있었지요. 이렇게 적극적으로 의사를 표현하는 식물이 있을 때는 그저 '별일 없겠지' 하며 외면하지 말고, 다음 같은 몇 가지 응급처치를 해 주세요.

차가운 창문과 거리를 두세요

지금 바로 자리에서 일어나, 식물들의 나뭇가지나 잎이 혹시 유리창에 닿아 있진 않은지 확인해 보세요. 실제로 창문과 가까운 곳은 실내와 온도 차가 큽니다. 특히 유리창에 식물이 닿아 있다면 화분을 좀 옮겨서 창문과 거리를 두세요. 관엽식물 대부분이 견딜 수 있는 최저 온도는 영상 12도예요. 그 이하의 온도에는 냉해를 입을 수 있습니다.

온도에 민감한 아이들은 잠깐 사이에도 세상을 떠날 수 있어요. 정들었던 식물이 떠나는 그 슬픔, 반려동물과 이별할 때와 다

창문 곁에 두더라도, 잎이나 가지가 유리창에 닿지는 않게 도와주세요.

르지 않습니다. 난데없는 이별을 막으려면 외출할 때도 보일러 온도를 19~20도 정도에 맞춰 주는 편이 좋습니다. 여행을 갈 때도 마찬가지예요.

이렇게 했는데도 식물이 시들시들하다면 해가 잘 드는 곳, 따

뜻한 곳으로 자리를 옮겨 주세요. 계절에 따라 햇빛의 각도가 달라져요. 겨울엔 햇빛이 낮은 각도로 집 안 깊숙이 펼쳐지듯 들어오고, 여름엔 높은 각도로 내리쬐듯 열을 뿜지요. 계절에 따라 화분의 위치를 옮겨야 하는 이유도 이 때문입니다.

미지근한 물을 주세요

화분에 물을 줄 때도 물 온도에 주의해야 해요. 많은 사람이 실수하는 부분이기도 하지요. 수도꼭지에서 지금 바로 받은 차가운 물을 그대로 화분에 주면 '너를 부숴버릴 거야' 같은 의미예요. 뿌리에 갑자기 차가운 물세례를 받으면 냉해를 입어 바로 죽을 수 있거든요. 사람도 찬물에 갑자기 들어가면 심장마비가 올 수 있잖아요. 이와 비슷하다고 보면 됩니다.

수돗물을 받아 하룻밤 정도 묵혀 실내 온도에 맞추고, 염소를 날린 다음 화분에 주는 게 교과서적입니다. 그렇지만 일상에 바쁜 우리가 식물을 공주처럼 모시긴 힘든 법이죠. 저는 온수를 섞어 만든 미지근한 물을 화분에 줍니다. EM 용액은 꼭 넣어 주지만 비료는 새잎이 나오는 새봄부터 주기 시작해요.

바닥 난방을 조심하세요

난방을 구동해야 하는 겨울에는 특히 주의할 점이 있어요. 화

237

분이 바닥에 바로 맞닿아 있다면 바닥과 화분 사이에 공간을 띄워야 합니다. 받침이 있다고 해도 바닥의 온기가 뿌리에 직접 전달되면 썩을 수 있기 때문이지요. 물받이가 있어 바닥으로부터 높이가 약간 떨어져 있는 화분 받침을 사용하거나, 화분을 스툴이나 테이블 위에 올려 두는 것이 좋습니다. 화분 받침이 접시 형태라면 접시 위에 돌을 깔아 바닥 면에서부터 띄워 주세요. 실내 공기정화식물은 뿌리와 뿌리 속 미생물들의 호흡이 원활할수록 공기정화 효과가 크므로 바람이 잘 통할 수 있게 신경 써 주세요.

겨울에는 공기가 건조하기 때문에 잎사귀가 퍼석하게 말라요. 잎에 분무를 자주 해 주면 캠핑할 때 숲속에서 자고 온 아가들처럼 뽀얗고 맑은 얼굴로 반짝거립니다. 이때 EM 용액을 타 주면 미생물 덕분에 잎이 더욱 윤기 있게 빛납니다. 하루나 이틀에 한 번이면 충분해요.

노즐이 금속으로 되어 있어 물 입자가 곱게 뿌려지는 분무기를 쓰면 바닥에 떨어지는 물방울을 줄일 수 있어요. 마루가 물에 젖으면 내구성이 떨어지니 조심해야겠죠. 타일이나 장판 바닥이라면 어떤 분무기를 쓰든 상관없습니다. 단, 노즐이 플라스틱으로 되어 있는 분무기의 경우 많이 사용하면 빨리 고장이 납니다.

저희 집의 경우 실내 온도를 영상 19~20도 정도로 유지해 겨울에 조금 춥게 지내는 편이에요. 식물원 온실의 온도가 16~18도 안팎이니 식물을 위해서 20도 정도면 충분할 것 같아요. 사람도 추우면 추운 대로 옷을 껴입고, 더우면 더운 대로 옷을 덜 입어, 계절 기온에 맞춰 살다 보면 인체 적응력도 강해집니다.

화분을 바닥 위에서 띄워 주고자 마련한 테이블이에요.

언제 끝나나 싶은 겨울도 어느새 지나갔어요. 너무 추워서 못 살겠다, 너무 더워서 못 견디겠다 싶은 그 지점에서 항상 계절은 바뀌더라고요. 봄이 오면 어떤 아이들을 새로 데려올지 떠올리며 지루한 겨울의 끝을 참았습니다. 새봄이 되면 작년 봄, 친구네 집에서 만났던 향기 좋은 오렌지 재스민을 첫 번째로 데려오려고 해요.

위로 솟구치는 수형이 아름다운 마지나타와 아레카야자.

5장

텃밭을 하나

갖고 싶어요

 우리 집이 숲이 된다면

26

독학으로 텃밭 가꾸기

저는 독학을 좋아해요. 중학교 때 처음 시작됐죠. 통기타를 치고 싶어서 엄마를 조르고 졸랐는데 절대 학원을 안 보내 주시는 거예요. 하는 수없이 용돈을 모으고 모아 겨우 기타를 사고, 다시 학원을 보내 달라고 졸랐는데 씨알도 안 먹혔어요. 결국, 기타 교본을 사서 그림을 보며 기타 줄 잡고, 코드 몇 개 외워서 노래 반주곡을 치는데 영 재미가 없어서 그만두었어요. 저는 노래하는 건 별로 안 좋아했거든요. 가성비를 생각하면 학원을 보내지 않은 엄마의 판단이 옳았던 거죠.

어릴 때부터 남들이 하는 것은 잘 하지 않는 비주류 아웃사이더 기질이 있었어요. 주로 1인칭 주인공 시점보다는 3인칭 작가

관찰자의 시점으로 주변에 일어나는 일들을 한 걸음 떨어져서 바라보곤 했어요. 다른 아이들이 쓰는 참고서나 학원보다는 내가 좋아하는 참고서, 학원을 골랐어요. 네 남매 중 맏이로 독야청청자라서 그런지, 아직도 이유는 잘 모르겠지만 타고난 성품이 삽질을 좋아하는 거 같아요.

이러한 독학 기질은 컴퓨터, 제과 제빵, 프랑스 요리, 이탈리아 요리, 일본 요리 배우기에도 이어집니다. 특히 쿠키나 빵을 구우면서 삽질을 많이 했어요. 빵은 오븐을 충분히 예열한 뒤에 반죽을 넣어 구워야 하는데, 처음부터 넣고 구워서 새까맣게 태워 버리기도 했고, 반죽이 녹아내려 뜨거운 아스팔트 위에 흘러내린 아이스크림 모양의 쿠키를 만들기도 했지요. 바삭한 스콘을 기대하고 구웠는데 씹기 어려울 정도로 질긴 스콘이 되거나, 형체를 알아볼 수 없는 소보로 빵, 돌처럼 딱딱해져 버린 치아바타 ciabatta 등으로 이어지는 숱한 시행착오를 겪었어요. 그렇지만 한편으로는 스스로 깨우치는 재미가 있어서, 놀이로서의 배움을 즐기기도 했지요. 이런 삽질들은 저만의 비기秘記 레서피 북으로 남았습니다.

얼마 전, 친구가 놀러와 피자를 구웠어요. 어떤 분야든 학원에서 선생님을 모시고 정통으로 배우는 걸 좋아하는 친구였는데,

제가 만든 피자를 먹어 보곤 도Dou 레서피를 묻더라고요. 조카들도 제가 만든 피자를 먹을 때면 도가 특히 맛있다며 손가락을 추켜세워 주는데, 얼마나 뿌듯한지요. 초보 시절 밀가루가 풀풀 날리는 딱딱한 도를 만들어 혼자서 억지로 먹던 생각이 나 웃음이 나왔어요.

지금은 치아바타나 피자, 슈톨렌stollen 등은 먹고 싶을 때 딱 맛있게 먹을 수 있을 만큼은 만들 수 있게 되었어요. 수많은 삽질로 완성한 훌륭한 레서피 북이 있으니까요. 선생님께 사사하지 못해 정통성에는 의문이 있지만 내 입맛에 맞는, 나와 내 친지들이 즐길 수 있는 '실용 요리법'이라고 주장해 봅니다.

이 삽질의 독학은 텃밭 가꾸기로도 이어졌습니다. 나만의 텃밭을 만들어 직접 키운 채소와 과일 들을 따 먹고 싶었어요. 바로 실행으로 옮겼어요. 일단 주말농장을 신청하고, 씨앗부터 샀습니다. 일부터 저지르고 수습은 나중에! 완벽하게 시작하려 들면 결국엔 아무것도 하지 못하게 되는 법이죠. 그런 경우를 주위에서 종종 목격하지 않나요? 무식하면 용감하다고 하잖아요. 저는 여전히 무식하고 변함없이 용감합니다.

다섯 평 주말농장

텃밭을 시작할 때 다섯 평짜리 주말농장을 분양받았어요. 5평이 대략 3×5m 또는 2×7.5m 정도의 크기니 만만치 않은데도 다양한 작물을 길러 먹을 욕심에 '왜 이렇게 작은 거야. 너무 모자라' 하면서 투덜거렸어요. 씨를 심는 제 모습을 보시던 옆 고랑 할아버지께서 "에이, 그렇게 하는 거 아니야" 하시며 손바닥에 침을 퉤퉤 뱉고는 리듬감 있게 가래질을 시작하셨죠. 순식간에 할아버지 밭의 흙은 위아래가 뒤집히며 공기를 품더라고요.

씨는 일단 뿌려 놓으면 땅의 힘을 받으며 쑥쑥 자라납니다. 떡잎이 나고 겨우 한 잎 두 잎을 틔웠을 뿐인데, 내 푸성귀를 파먹은 벌레를 보면 살의를 느낍니다. 득실득실 달라붙은 온갖 다채로운 곤충들로부터 내 먹거리조차 지키지 못하는 인간의 무기력에 발을 동동 구르게 됩니다. 결국 '그래, 나눠 먹자' 하며 자포자기하고, 자연과 더불어 사는 법을 배워가지요. 장마가 오기 전까지는 푸성귀가 소소한 행복을 안겨 줬습니다.

세 식구가 먹을 만큼 계획을 치밀하게 세워 운영했어야 했는데, 작다고 투덜거렸던 5평 텃밭은 엄마 품만큼이나 넉넉한 산출물을 내놓았어요. 어찌나 많은지, 갈무리하다 다른 일을 하나도 못할 지경이었죠. 장마철에는 비가 너무 많이 와서 며칠 손을 쓰지 못했는데, 그사이 텃밭은 무성하게 자라 잡초와 해충의 온상이 됐지 뭐예요. 본의 아니게 이웃 텃밭에 민폐를 끼쳤습니다.

몇 번의 시행착오 끝에 지금은 옥상에 지름 60cm 화분 8개를 마련해서 '먹을 만큼' 기르고 있습니다. 우리 가족이 좋아하는 무화과 2그루, 블루베리 2그루, 토마토, 물김치 담을 열무, 쌈 채소, 고수, 고구마 등이죠. 아, 쑥과 쑥갓, 미나리, 로즈메리 같은 향신료도 꼭 키우고요. 저는 식물 200그루를 키우고, 아들도 키우고, 일도 하는 조금 바쁜 사람이니까 손이 많이 안 가는 애들로 골랐습니다.

집에서 키운 열무는 보드라워 시중에서 파는 것보다 식감이 더 좋아요. 잎이 억세지기 전에 수확할 수 있으니 식감까지 내 입맛에 꼭 맞는 물김치를 담글 수 있어요. 종묘상 사장 할머니께서 "열무는 집에서 키워 먹기 시작하면 못 사 먹어"라고 하셨는데, 이제야 무슨 뜻으로 하신 말씀인지 알겠어요. 텃밭 식물에는 나의 세밀한 취향까지 반영할 수 있답니다.

아들과 둘이 옥상 텃밭에서 풀을 뽑으며 식물들에게 물을 주곤 해요. 새파란 하늘, 시원한 물줄기, 따스한 햇빛, 싱그러운 풀 향

위에서부터 블루베리 2그루와 무화과나무 2그루.

기와 스쳐 지나가는 라일락 꽃향기 그리고 밝게 웃는 아들의 뽀얀 얼굴. 나중에 토마토를 따서 함께 씻어 먹던 추억을 얼마나 되새김질하며 살게 될지 지금은 잘 모르겠습니다. "엄마 쪼아!" 하는 아들과 남편과 아빠 노릇에 충실한 남편과 텃밭에서 딴 과일을 먹으며 실없이 웃는 이 시간이 참 좋아요. 다시 오지 않을 시간이라 생각하면, 웃고 있으면서도 마음 한 쪽이 아립니다.

텃밭 농사도 잘 지어서 100점 맞고 싶어 노력하게 됩니다. 그럴 필요 없는 걸 알면서요. 그저 가족들과 나눌 이야깃거리가 많아지고 추억 한 페이지가 가득 차는 것에 감사합니다. 어쩌면 이처럼 소소하게 하루하루를 보내는 일상이 나중에 가장 기억나지 않을까요. 지금도 어제가 그리운데, 나중엔 얼마나 그리울까요.

그래서 프랑스의 계몽사상가였던 루소가 "당신이 더 나이 들었을 때 자신과의 만남을 즐길 수 있도록 자신을 기록하라"고 했나 봅니다. 저도 나중에 즐겁고 유쾌한 할머니가 되도록 저의 젊은 날들을 촘촘히 수놓아야겠습니다. 아쉬움이나 미련보다는 행복한 기억만 되새김질하며 살 수 있게.

27

자고 일어나면 쑥대밭

지금도 생생하게 기억이 나는 걸 보니, 제가 다 컸을 때 있었던 일인 것 같아요. 엄마가 생전 처음 보는 떡을 빚고 계셨어요. 지름이 10cm는 될까. 연두색의 동그란 원반은 색깔이 너무 예뻐서 단번에 제 시선을 잡아당겼어요. 옆에는 더욱 진한 녹색 떡이 있었는데 이름이 '쑥개떡'이라고 하셨지요. 이렇게 보송한 민트색 반죽이 저렇게 시커먼 쑥떡이 된다는 게 믿기 힘들어 엄마에게 여러 번 되물었던 기억이 있어요.

한참 떡을 찌는 찜기를 열어 확인했는데 맞았어요. 그렇게 상큼한 민트색이 어쩌다가 저렇게 시커먼 색으로 바뀌는 걸까요. 아쉬움은 뒤로 하고 1개 집어 먹어 보니, 세상에. 동생들이 알기 전에 얼른 다 먹어야 하는 맛이에요. 꿀에 찍어 먹으니 1개만 먹자 시작했는데 떡이 몇 개째 입으로 들어가는지 모를 정도로 계속 먹게 되었죠. 그날 이후로 쑥개떡은 제가 가장 사랑하는 간식이 되었지만, 다이어트가 한창인 20대가 넋 놓고 먹을 수 없는 것이기도 했죠.

쑥개떡과 제철 음식

경제적 자립이야말로 주도적 독립이라고 생각했던 그 시절. 10년 넘게 이어진 직장생활에서 가장 아쉬웠던 점은 제철 음식과 거리가 먼 식생활이었습니다. 계절과 상관없이, 백반집, 고등어구이, 햄버거, 국수, 자장면이 한 주기로 돌아가는 메뉴라 입맛도 그냥 그래서 저는 마른 편이었어요. 쑥개떡 한 번 먹지 못하고 봄이 가면 서러웠을 정도. 스스로는 그런 줄 몰랐지만, 알고 보면 먹거리에 예민한 미식가였던 것 같습니다.

좋아하는 딸기도 한두 번밖에 못 먹고 계절이 지나기도 하고, 복숭아 한 알 먹지 못하고 보낸 여름이 여러 번이에요. 돈이 없어서라기보다는 딸기와 복숭아를 챙겨 먹을 여유가 없었던 것이죠. 저의 출퇴근 동선에는 신선한 딸기와 복숭아를 파는 가게가 없었고, 그 시절 포장 단위는 4인 가족 기준이라 소량으로 과일을 구매할 수도 없었으니까요. 집은 그저 잠만 자고 나오는 곳이라 사 놓고 버리게 될까 봐 그냥 포기했던 것 같아요.

프랑스 파리에 머물 때 그들이 부러웠던 것 중 하나는 프랑스의 대형 마트 체인인 동네 카지노에서도 신선한 과일과 채소, 고기를 가득 쌓아 두고 저렴한 가격에 판매한다는 거였어요. 신선한 제철 음식을 먹느냐 못 먹느냐는 제겐 일종의 계급처럼 다가왔는데, 때가 될 때마다 제철 음식을 챙기는 전업주부, 시어머니, 언니들의 여유가 부러웠지요. 사실은 게으름을 변명하고 싶은 자격지심이었을지도 몰라요.

쑥과 엄마

아이를 낳아 키우며 좋은 점 중 하나는 아이를 챙겨 먹인다는 핑계로 나 먹을 것도 챙기게 된다는 점이에요. 엄마와 시어머니께서 냉동고, 냉장고, 김치냉장고에 집착하며, 제 기준에는 다소 지나칠 정도로 식재료를 관리하시는 게 의아했는데, 지금에야 이해가 됩니다. 조금이라도 내 새끼에게 좋은 음식을 해 먹이고 싶은 엄마의 마음이었던 거죠.

어차피 죽으면 썩어 없어질 몸, 아껴서 뭐 하냐는 마음으로 살아오신 엄마들. 사 먹으면 되는데, 힘들게 왜 자꾸 일을 벌이느냐는 핀잔에도 꿈쩍 않던 어머니들. 쑥국은 어머니께서 끓여 주셔서 처음 먹어 봤어요. 들깻가루 넣은 쑥국은 제가 가장 좋아하는 메뉴가 되었고, 이제 봄이 되면 저도 아들에게 쑥국을 끓여 줍니다. 집밥이 제일 좋다는 아들은 부족한 솜씨에도 끓이고 볶는 엄마 음식이 제일 맛있다며 엄지를 치켜세워 줍니다. 제가 정말 요리를 잘하는 걸까 착각이 들 만큼요. 그저 엄마가 해 주는 것은 무조건 맛있고 좋을 만큼 '네 마음과 내 마음이 가까운 거겠지' 합니다.

 옥상 정원에 가득 솟아오른 쑥을 보고 뽑을까 말까 망설이고 있는 제 뒤로 이렇게 많은 이야기가 오갔어요. "여보, 뭐해, 그냥 뽑아." "잠깐만." 여전히 망설이다 그냥 눈에 보이는 건 다 뽑았어요. 옥상에서 뜯은 쑥으로 쑥국을 끓였어요. 약을 치지 않는 쑥이니 파는 것보다 건강한 재료일 거란 막연한 추측이 맛에도 영향을 미쳐, 우리 가족은 인생 최고의 쑥국을 먹었습니다.

 초여름, 아기 쑥을 다시 뜯어 국을 끓였는데, 도저히 써서 먹을 수가 없었습니다. 역시 저는 직접 경험으로만 지식을 쌓는 일차원적 인간인 모양이에요. 이즈음 쑥은 무섭게 뿌리를 뻗어 나가는데, 마치 지진에 갈라지는 땅처럼 빠르고 굵게 퍼집니다. 뿌리까지 향긋해서 잠시 망설이게 되지만, 쑥이 지나간 자리의 잔디는 초토화되니 타협할 수 없습니다. 뽑으면 '두둑' 소리를 내며 옆까지 넓게 뜯어지는데 속이 다 후련해요. 맛있게 먹을 때는 언제고, 맛이 사라지니 바로 응징입니다.

산삼처럼 굵고 깊게 내린 쑥 뿌리는 손가락으로 잡아당겨 뽑을 수 없습니다. 이쯤 되면 '이 독한 것!' 하는 소리가 절로 나오는데, 도구가 필요해요. 삼지창 같은 두꺼운 스테인리스 포크가 적당합니다. 땅을 푹푹 찌르며 뿌리를 뽑다 보면 스트레스도 같이 사라집니다.

올해는 약 치기 전에 쑥을 많이 뜯어 냉동실에 얼려 두고두고 먹고 싶어요. 엄마랑 어머니를 모시고 떡갈비 굽고 쑥국 끓여 같이 밥을 먹고 싶고요. 새로 담은 열무김치와 함께 무쇠솥 밥을 해 차려 내면 뿌듯할 것 같아요. 떡갈비에는 죽순을 썰어 넣어 씹는 재미를 더하고 싶어요.

28

열매를 바로 따 먹는 재미

주택에 대한 로망이 있었어요. 바삭거리는 소리가 날 것 같은 화이트 리넨 잠옷을 입은 채 침대에서 일어나, 햇빛이 가득 들어오는 창문을 열고, 집 안으로 밀려들어 오는 나무 냄새를 폐에 가득 채웁니다. 천천히 기지개를 켠 뒤, 핑크빛 카디건을 어깨에 두르고 콧노래를 부르며, 밖으로 나섭니다. 쪼로로롱 쪼로로롱 새소리를 들으면서요.

맨발로 잔디를 밟으며 텃밭에 나가 아침에 먹을 샐러드용 채소와 토마토를 따고, 잘 익은 블루베리나 무화과를 몇 개 곁들이는 거예요. 리코타 치즈와 버터, 꿀에 재워 구운 아몬드를 얹으면 더 훌륭하겠지요. 상상 속의 저는 막 잠자리에서 나왔지만 머리카락

한 올 흐트러짐 없이, 눈빛도 초롱초롱합니다. 주택에 이사 오고 얼마 되지 않아 이 로망은 그저 꿈이라는 걸 금방 알았어요.

로망은 그저 로망일 뿐

푸른 잔디 아래엔 작은 개미부터 검지만큼 큰 그리마, 공 벌레 등 각종 생물이 살고 있어서 맨발로 밟을 정도로 낭만적이지 않아요. 솔직히 말하면 절대 맨발로 밟고 싶지 않습니다. 게다가 텃밭은 아무리 긍정적으로 보려고 해도 전혀 아름답지 않아요. 텃밭의 식물은 비례, 균형, 대칭, 리듬감을 무시한 채, 그저 자기 멋대로 해를 따라 뻗어 나갈 뿐이죠.

폭탄 머리, 흐리멍덩한 눈으로 잠에서 깨어나는 저도 상상과 아주 다릅니다. 리넨 잠옷은 언감생심이에요. 주택으로 이사한 뒤로 등을 대고 누워 빈둥거릴 시간이 전혀 없었어요. 곤줄박이 지저귀는 소리가 뜻밖의 낭만을 선물하지만, 주택가의 집은 창문을 열어도 그저 집뿐 나무가 보이진 않아요. 아마 저의 로망은 숲속 통나무집이었나 봐요.

텃밭을 가꾸기 위해서는 일상생활 모든 일에서 집중도와 처리량을 올림픽 대표선수만큼 끌어 올려야 했어요. 아무리 포기를 모르는 저라고 해도 매일 매 순간의 출력을 최대치로 뽑는 건 무리다 싶었지요. 그래도 숙련도를 높여가며 어찌 여름을 보냈습니다. 겨울부터는 하고 싶은 일이 많아져 시간에 더욱 쫓겼는데 걱정이에요. 겨우내 하드 트레이닝을 통해 더욱 강해졌으니 봄과 여름엔 짧은 시간에 더 많은 업무를 집중해서 처리할 수 있게 되지 않을까 기대해 봅니다.

흰색 화분엔 왼쪽부터 돌미나리, 파슬리, 루콜라, 로메인을 심었어요.
아래 작은 화분엔 씨를 심었고요.

봄, 씨앗과 모종 함께 심기

꽃샘추위라지만 햇빛이 점점 길어지며 봄이 바로 곁에 온 것이 느껴져요. 3월 초 종묘상에 가 모종을 찾았더니 할머니 사장님께서 "아이고. 너무 빨라. 4월 말은 되어야지" 하셨어요. 그때까진 도저히 기다릴 수가 없어서 저는 보통 3월 말이 되면 모종과 씨앗을 함께 심습니다. 모종은 빨리 크니 먼저 먹고, 먹는 동안 씨앗이 싹터서 먹을거리를 또 주거든요.

어떤 건 씨앗부터 키워 먹기도 하는데, 시간이 너무 오래 걸리니 기다리기가 힘들어요. 뿌리 내리지 않은 씨앗은 비에 떠내려가기도 하고, 발아했다 해도 웬만큼 자랄 때까지 여러 변수를 이기는 것이 만만치 않답니다. 그러니 모종과 씨앗을 적절하게 이용하면 뜯어 먹는 재미와 키우는 재미 모두 경험할 수 있으니 초보자들에게 추천합니다. 재미가 있어야 지속할 힘이 생기잖아요.

작년에는 지하 선큰과 1층에도 작은 화분 텃밭을 들였는데, 올해는 둘 다 생략하고 옥상에만 먹거리를 키울 거예요. 한 달에 두 번은 토마토 살사를 먹고 싶으니 토마토와 고수를 심고, 열무김치 비빔밥을 위한 열무도 꼭 심을 거예요. 아들이 좋아하는 수박도 심고, 샐러드를 위한 로메인과 루콜라도 생각하고 있어요.

열무. 이모작으로 물김치를 담가 먹었어요.

귀여운 토마토. 아들과 옥상 놀이하며 따 먹어요.

루콜라는 가로수길에서 카페를 할 때 꼭 쓰고 싶은 식재료였는데, 백방으로 구해도 찾을 수 없어 포기했던 기억이 있어요. 얼마나 아쉬웠으면 한동안 온갖 커뮤니티 닉네임을 '루콜라 샐러드'라고 썼을까요. 땅콩 맛에 코끝이 알싸한, 아기 열무와 비슷한 맛이 나는 루콜라는 피자에 얹어 구워도 맛있고, 샐러드에 넣어도 정말 맛있지요.

저는 여름의 새벽을 참 좋아해요. 아무도 없는 고요한 새벽에 동트는 것을 보며 잔디에 물을 줍니다. 이른 새벽, 잔디밭에 물을 주면 떠오르는 해에 잔디가 눈부시게 반짝거립니다. 두 발로 땅을 딛고서 워터건을 들고 등 뒤로 떠오르는 해를 업으면 발부터 머리끝까지 서서히 차오르는 에너지가 느껴집니다. 바구니 가득 토마토와 무화과까지 수확하면 세상을 다 가진 것 같아요.

엄마나 어머니께서 담가 주신 김치는 간혹 다 먹지 못하고 정리할 때가 있죠. 그분들의 정성과 수고를 알기에 얼마나 죄책감이 드는지. 그런데 텃밭에서 직접 기른 푸성귀나 손수 담근 김치는 한 조각도 쉽게 버릴 수 없어요. 나의 추억과 시간, 노력이 떠오르기 때문이죠. 이 사실을 깨닫고 김장을 하기 시작했습니다. 김장이라고 하니 거창해 보이지만, 많이 할 때는 20kg, 보통은 10kg 정도만 담가요. 처음엔 허연 배추, 너무 빨개진 배추만 먹기도 했는데, 여섯 번쯤 하고 나니 이제 그럭저럭 먹을 만한 수준의 김치가 되었어요. 엄마가 담근 김치가 최고라는 아들 덕에 보람도 있고요. 덕분에 늘 장구 치고 북 치고 정신이 하나도 없습니다.

돌 지난 아이를 시어머니와 함께 키우며 카페 '세컨드팩토리'와 '더리빙팩토리'를 겨우 지탱하던 시절이 있었습니다. 당시 여든 가까이 되신 고모님께서 저에게 정말 잘하고 있다며 과한 칭찬을 해 주셨죠. 놀 시간이 전혀 없어서 힘들다고 투정하는 제게, 고모님께서는 말씀하셨어요. "놀기 싫어도 놀아야 하는 시기가 온단다. 할 수 있을 때 열심히 하렴." 10년이 지난 지금 그 말씀의 뜻을 조금 이해할 것 같아요.

그때가 오면, 꼿꼿하고 반듯하게 서 있는 나무가 빼곡한 곳에 통나무집을 지어 살고 싶어요. 아침마다 창을 열어 피톤치드 향을 가슴 가득 담고, 박완서 선생님의 노란 집처럼 사계절 내내 꽃 피는 정원을 만들고 싶어요. 진달래 뜯어 떡 해 먹고, 쑥 뜯어 국 끓이고, 잼 만들어 나눠 먹으며 땅의 기운을 더 가까이 느끼면서, 더 열심히 작업하는 그런 삶을 살래요.

29

화분 속 작은 농장들

텃밭에 대한 로망은 영국 요리사 제이미 올리버Jamie Oliver의 텃밭을 보며 갖게 되었어요. 그의 텃밭은 땅에서부터 60cm쯤 되는 높이에 있어서 허리를 굽히지 않아도 쉽게 작물을 관리할 수 있으니 편해 보였어요. 주택으로 이사하면 시도해 봐야지 생각했는데, 그런 멋진 텃밭은 처음부터 계획에 담아 설계해야 가능한 거였어요. 수영장이나 텃밭 같이 무게가 있는 것들은 미리 하중을 계산해 건물 설계에 반영해야 하거든요. 그러니 제 로망의 텃밭은 자연스럽게 다음 기회로 미뤄졌어요.

마음이 복잡하고 힘들 때 저의 마음을 위로해 준 건 초록의 새싹이었어요. 지난 주말부터 성남 가드너 수업을 듣기 시작했는데, 원장님은 꽃보다 새싹이 좋다고 말씀하셨어요. 저도 100% 공감합니다. 화려하고 도도한 꽃보다는 온 힘을 모아 겨우 한 쪽 밀어 올린 새잎이 더 예뻐요. 그 새싹이 먹을 수 있는 거라면 기쁨은 두 배가 됩니다.

베란다 텃밭에서 푸성귀를 키웠을 때는 햇볕의 양이 모자라서 힘들더라고요. 해가 직선으로 내리꽂히는 1층의 땅과 45도로 들어오는 베란다는 광량이 달라요. 한여름의 뜨거운 해를 받아야 열매가 크고 실합니다. 저희 집 선큰은 주방과 가까운 편이라 좋긴 한데 해가 모자라 푸성귀가 잘 자라지 않아요. 텃밭은 어떻게 관리해도 지저분해서 1층에서 오가며 보고 싶지도 않고요. 역시 옥상에서 키워야겠다 생각했어요.

언제든 싫증 나면 금방 치워버릴 수 있도록 화분에 담아 텃밭을 해야겠다 싶었죠. 크고 깊이 있는 화분을 써야 흙이 수분과 양분을 잘 머금어 푸성귀를 잘 키워주는데, 큰 화분을 찾아보니 이를 옥상으로 올리고 흙도 함께 옮기는 일이 막막했어요. 흙과 물의 하중이 생각보다 나가니 걱정도 좀 되었고요. 옥상 텃밭용 화분으로는 물이 좀 빨리빨리 빠졌으면 좋겠고, 화분 지름은 60cm쯤 되면 좋겠고, 흙의 깊이는 20cm 이상 되면 좋겠다는 기준을 정해 놓고 화분을 찾았어요.

차광막으로 만든 화분.

물이 잘 빠져서 정말 좋아요.

크기가 작아 흙이 적은 화분에 식물을 키우면 물을 매일 줘도 뜨거운 여름 햇빛에 말라 죽더라고요. 여름에 물 주기가 너무 힘드니, 이럴 때는 큰 화분 1개로 식물을 모아서 키우는 편이 좋아요. 흙 깊이가 최소 20cm는 돼야 열무도 자라고, 토마토도 자라고, 들깨도 자랍니다. 얕으면 자라다가 말아요.

블루베리가 배수에 까다로워 블루베리용 화분을 쓰면 좋을 것 같았어요. 차광막으로 만든 제품이라 물기도 잘 빠지고, 때도 덜 타고, 멀리서 보면 흰색 화분처럼 보여 시각적으로 괜찮거든요. 지름이나 깊이도 흙을 담는 만큼 조절할 수 있고, 가볍고, 무엇보다 가격이 저렴해요. 인터넷에서 '차광막 화분' 또는 '블루베리 화분'으로 검색하면 쉽게 찾을 수 있어요.

작년에 이 화분에서 키운 작물들이 무탈하게 잘 자랐어요. 무화과 2그루와 블루베리 2그루는 겨울도 잘 견뎌 꽃봉오리를 맺었습니다. 겨울에 따뜻하게 옷을 입혀 주었어야 했는데, 못하고 겨울을 나 세상을 떠났으면 어쩌나 얼마나 걱정했는지 몰라요. 그런데 작은 봉오리를 틔워 올렸더라고요. 추천할 만한 가볍고 좋은 화분이에요. 다만 실내에서 쓰긴 불편합니다. 물이 사방으로 다 흐르거든요.

6장

식물을 대하는

마음으로

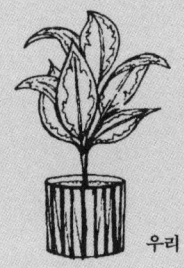
우리 집이 숲이 된다면

30

남편은 식물 돌보기의 숨은 조력자

결혼한 지 18년 차. 곧 17번째 결혼기념일이 다가옵니다. 남편을 1998년에 만났으니, 만으로도 20년을 한 남자와 지낸 기적이 일어났어요. 솔직히 '해 보고 아니면 말지 뭐'라는 심정으로 결혼했는데요. 저의 인내심에도 경의를 표하지만, 남편의 인내심도 인정하지 않을 수 없습니다. IMF 때 회사원으로 사는 남자 선배들의 지친 모습을 보며, 정반대 지점에 있는 미대 나온 남자랑 결혼했어요. 그런데 그 역시 회사원으로 같은 삶을 살고 있으니 인생은 모를 일이에요.

남편은 연애할 때부터 저랑 전혀 다른 인사이트를 갖고 있었습니다. 저는 가방 속은 늘 단정하게 정리되어야 하고, 화장품들은 늘 반짝반짝하게 닦여 있어야 하고, 시험은 늘 잘 봐야 하는 약간의 강박증 같은 게 있었어요. 어느 날 우산을 잃어버리고 속상해하는 저를 보고 남자친구가 말했어요. "사람이 너무 완벽하면 정이 떨어져. 가끔 잃어버리기도 해야 인간미가 있지." 한 번도 생각해 보지 않은 세계의 문이 열렸습니다.

동생이 많았던 게 좋지만은 않았던지, 결혼하고 7년 동안 아이 없이 지냈어요. 사실 남편과 저는 딩크족으로 살자고 했었는데, 그쯤 되니 엄마는 아주 괜찮은 데가 있다며 불임클리닉에 가자고 하셨고, 시어머니는 키워줄 테니 낳기만 하라는 공약을 거셨지요. 아이 없이 사는 것도 괜찮았는데 운명인지 아이가 생겼어요. 어머니는 약속대로 아이를 33개월 동안 물고 빨고 업어 상처 하나 없이 키워 주셨어요.

그즈음 남편은 프랑스에 있는 회사에서 오퍼가 있다며, 어떻게 하는 게 좋을지 제게 물었어요. 일단 가라고 했습니다. 돈 들이고 시간 내서 일부러 가는 파리인데, 구경하는 셈 치고 가라고요. 파리에서 디자이너로 사는 삶이라니. 남편이지만 부러워 배가 아팠습니다. 파리에서 3개월 수습 기간을 거쳐 다시 남편은 한국에서 일하게 되었어요.

태그호이어TAG Heuer와 람보르기니Lamborghini가 함께 휴대폰을 만들 때 일인데, 콘셉트 디자인을 보던 남편은 "이건 우리나라에서 못 만들어"라고 했어요. 기술력이 따라주지 않아 못 만든다고요. 그런데 프랑스 본사의 그들은 3년 후 스위스 시계공장에 가서 콘셉트 폰을 기어이 만들어 오더라고요. 손맛이 느껴져야 한다며 폰 뒤쪽 나사못의 방향도 정교하게 조금씩 틀리게 놓았죠. 디테일의 힘입니다. 프랑스 회사 시절 어깨너머로 보고 배우는 게 많았던 것 같아요.

인생의 조력자, 남편.

저는 아이를 낳자마자 가로수길에 카페 겸 스토어를 오픈했어요. 가로수길 2층 카페 '세컨드 팩토리'. 재미도 있었고, 성과도 괜찮아 매체에도 소개가 많이 되었죠. 그런데 600일 만에 건물이 매매되면서 쫓겨나다시피 나오게 되었어요. 이후, 3년 동안 그 근처에 가지도 못할 만큼 상처를 입었습니다. 지나고 나니 좋은 경험이었다 싶어요. 근육에 밴 경험 때문에, 아마 비슷한 일을 하게 돼도 금방 적응할 거라 믿어요.

남편은 낮에는 카페에서, 밤에는 프랑스 회사에서 디자이너로 일했는데 2호점을 오픈하자는 저의 제안에 두 손 들고 반대했습니다. 가끔 그때 2호점을 냈으면 어땠을까 생각해 보지만, 그렇다고 뭔가 크게 달라졌을 것 같지는 않아요. 못 가본 길에 대한 미련이겠지요. 남편은 그때 너무 시달렸던 탓인지 10년이 지난 지금도 디자인은 전혀 하고 싶어 하지 않습니다. 완급 조절이 필요한 이유예요.

우리가 함께 통과한 세계들

남편은 끊임없이 일을 벌이는 저를 말리지 않는 편이에요. 딱 두 번 말렸는데, 그건 시간이 더 지나봐야 이렇다 평할 수 있겠습

번 아웃이 될 만큼 에너지를 쏟아부었던 카페 세컨드 팩토리.

저녁 즈음, 카페 세컨드 팩토리 내부를 비추던 조명.

니다. 늘 저의 편이 되어 주고, 함께 도전했던 남편이 친구들에게 이런 말을 하는 걸 들었어요. "나는 열심히 노력해서 이만하면 되겠지 생각하고 한숨 돌리는데, 저 친구는 저 멀리 가 있어."

남자는 어떻고 여자는 어떻고 하는 편견이 전혀 없다는 것도 남편의 장점입니다. 오래 맞벌이를 해 온 저희는 집안일도 나눠서 같이 해요. 남편이 저녁을 준비하면 제가 설거지를 하고, 제가 청소를 하면 남편은 빨래를 개고 다림질을 하지요. 저 역시 같이 돈을 벌고, 같이 짐도 들고요. 제가 출장을 가도 남편이 아이를 돌보는 데 전혀 부족함이 없습니다.

저는 성장의 마인드셋을 가지고 지속해서 도전하길 좋아해요. 잘하든 못하든 도전하고, 또 도전합니다. 잘하는 게 하나도 없다고 좌절하는 저에게, "당신은 실행을 잘하잖아. 다른 사람들은 대부분 생각만 하고 마는데 당신은 진짜로 하잖아. 그것이 아주 좋은 장점이야"라고 남편이 말해줬어요. 그것도 능력이라고 할 수 있구나. 또 한 번 생각해 보지 못한 세계의 문이 열렸습니다.

책을 많이 읽었으면 좋겠다는 제 말에 출퇴근길에 오디오 북을 듣는 남편. 제 얘기를 한 귀로 흘리지 않고 반응해 주는 남편이 고마워요. 이런 모습은 아이도 보고 있으니 본보기가 되죠. 물론 저희 부부에게도 부침의 세월이 있었고, 아마 앞으로도 그렇겠지요. 누가 잘못해서가 아니라 인생이 그렇다는 걸 이제는 압니다.

결혼한 지 열여덟 해쯤 되니 이젠 저희 부모님이 "자네가 재경이랑 사느라 고생이 많네"라고 하십니다. 제 일을 도우며 일 년 남짓 같이 살았던 막내도 '큰 매형은 부처님'이라고 해요. 그 표정과 몸짓 언어를 보니 빈말은 아닌 것 같아요.

주말마다 분갈이해야 하는 봄이 왔어요. 남편은 불평 한번 없이 장갑 끼고 따라나섭니다. 남편도 식물을 좋아하고 있다고 믿어요. 처음엔 이 많은 식물을 어떻게 관리할 거냐며 질색하던 남편이, 요즘엔 더 필요한 건 없느냐고 은근슬쩍 묻거든요. 제가 여행을 가거나 출장을 가도 식물들이 걱정 없이 생명을 유지할 만큼 관리도 해 주고요. 저의 가장 큰 조력자입니다.

31

크고 무거운 화분을 옮기듯

　결혼하고 17년이 지나는 동안, 집 이사와 회사의 이전을 포함해 크고 작은 이사를 열일곱 번이나 했어요. 어림잡아 계산해도, 이사 비용, 부동산중개료, 세금으로만 '억' 소리 나게 지출한 것 같아요. 속은 쓰리지만, 덕분에 오피스텔, 주상복합 아파트, 넓은 아파트, 작은 아파트, 단독주택 등 다양한 주거 형태를 경험했습니다. 그래서 공간에 대해 직관적 판단을 할 수 있는 능력을 얻게 되었지만 수업료로 엄청난 비용을 지출한 셈이에요.

　덕분에 저는 이삿짐도 잘 싸고 잘 풉니다. 5t 트럭 세 대 정도는 별로 무섭지 않아요. 머리로 하는 생각과 몸으로 하는 경험의 차이가 드러나는 게 이 지점인데, 절대 못 할 것 같은 일도 막상 닥

치면 다 하게 되더라고요. 미리 걱정할 필요가 없다는 걸 경험으로 알았어요. 죽어도 못하겠다는 일이 점점 줄어드는 게 나이 듦의 좋은 점이 아닌가 싶어요.

덕분에 동선을 확보하고 가구를 배치하는 일은 금방 할 수 있게 되었어요. 남편과 저는 공간에 대해서만큼은 최우선으로 '아름다움'을 생각해요. 이 분야에서는 이견이 없어요. 최근에는 둘의 취향에 약간의 틈이 생기기 시작했지만, 소득 대부분을 아름다운 주거 환경을 만드는 데 쓴다 해도 전폭적으로 지지할 거예요. 단 하루를 산다 해도 마음에 드는 공간에서 살고 싶은, 그런 마음이죠.

처음 사업을 시작했을 땐 제품 옮길 일이 많았습니다. 쇼핑백 몇 개로 시작했는데, 점점 상자 단위로 제품이 입·출고되고, 상자 수량이 점점 많아졌어요. 엄마는 "기껏 가르쳐놨더니 화이트칼라가 되지 않고 블루칼라가 되었느냐"며 노골적으로 불만을 표하셨지요. 대학원 지도교수님도 '얼른 박사를 해야 하는데' 하시며 혀를 끌끌 차셨고요. 저는 거래처가 점점 늘어나고 제품이 많이 나가니 신나기만 했는데 말이죠.

사업이란 게 고객과의 약속을 지켜야 하는 일이다 보니, 이제 인생 깊이 들어와 분리할 수 없게 되었습니다. 제품을 인터넷으로 팔아 달라는 친구들 애기에 그렇게 했고, 수수료 주기 아까우니 사이트를 만들어 달라고 해서 만들었고, 제품을 달라는 거래처가 있어 공급했고, 협동조합을 만들라는 애기를 듣고 등기했고, 칼럼을 쓰라 해서 썼어요. 클라이언트가 원하면 일단 합니다. 안 해 본 일도 그냥 해요. 하면서 배우고 적응하면 되니까. 안 해 본 거라 못 한다는 생각은 잘 안 합니다.

삽질 전문가

덕분에 할 줄 아는 게 많아졌어요. 지금도 상자를 잘 나르고, 잘 쌓습니다. 무거운 화분도 잘 옮기고, 가구도 휙휙 잘 바꿔요. 뭐든 할 줄 알면 자유롭다는 생각이 듭니다. 요리를 잘하면 일부러 음식점에 찾아가는 수고로움을 덜 수 있고, 기다리는 시간을 아낄 수 있고, 버려지는 시간을 줄이니 좀 더 여유롭지요. 그림을 그릴 줄 알면 감정을 이미지로 표현할 수 있고, 이미지는 기억에 오래 남으니 소통에 큰 도움이 됩니다.

전문가를 섭외하고, 상의하고, 협의하고 비용을 치르는 과정에서 소요되는 시간과 에너지도 덜 쓸 수 있어요. 예를 들면, 내가 할 줄 알면 장조림을 끓이면서 글을 쓰고, 제품 발주를 넣으면서 친구들과 커피도 마실 수 있습니다. 그리고 내 입맛에 맞게 변형할 수 있으니 만족도가 더 크지요.

식물이 가득한 공간을 돌보다 보면, 손과 몸은 움직이고 있어도 머릿속으로는 이런저런 생각이 주르륵 지나가요. 벌레는 절대 만지지도 못할 것 같았는데 쓱 문지르고 있고, 무거운 화분은 절대 못 옮길 것 같았는데 어느 순간 '쿵푸 판다'처럼 한 손으로 쓱 옮기고 있습니다. 언제까지 무거운 화분을 들 수 있을지 궁금하고, 언제까지 계단이 있는 집에 살 수 있을지도 궁금해요. 좋아하는 일을 오래 하려면 근육도, 체력도, 마음가짐도, 성실함도 중요하겠다는 생각이 듭니다.

일본의 소설가 무라카미 하루키가 왜 매일 뛰는지, 99세의 철학자 김형석 교수님이 왜 일주일에 세 번 꼭 수영하시는지 이제야 알겠습니다. 숨찬 운동이 싫어 요가를 시작했는데, 근육은 조금 더 자유로워졌지만, 폐활량이 늘지 않아 또 다른 한계를 느낍니다. 유산소 운동을 해야겠어요. 이렇게 점점 하고 싶은 게 더 생기고, 조금씩 할 줄 아는 게 더 많아지고 있으며, 조금씩 더 자유롭다고 느낍니다.

선명한 자연이 그리워 만든 캘리포니아 시리즈.

이제 엄마 아빠는 큰딸처럼 사는 게 좋은 거라 말씀해 주시고, 친구들은 너는 하고 싶은 걸 하며 사니 행복한 거라 말해 줍니다. 저는 예전이나 지금이나 똑같아요. 그저 무모한 도전과 삽질을 좋아합니다. 80세가 되어도 그렇지 않을까 꿈꿔 봅니다. 제 곁에 있는 200그루의 반려식물들이 뭐든지 할 수 있다는 생각을 저의 무의식에 꾹꾹 눌러 심어 주는 것 같아요.

32

지워버려야 할 세 가지 말

분갈이. 침착하게 새 화분에 흙을 담고, 조심스럽게 비닐 포트에서 식물을 꺼내 새 화분에 올린 다음, 틈새에 새 흙을 살살 채우고, 화분을 탁탁 털어 주면 마무리. 이렇게 간단한 일인데도 마음속에서 '빨리빨리'라는 소리가 들리는 순간, 손이 허둥대며 흙을 흘리게 됩니다. 화분의 포트를 벗겨내면서부터 뭐라고 하는 사람도 없는데 서두르게 돼요.

빨리빨리

아무 생각 없이 침착하게 흙을 옮겨 담으면 될 것을 마음속에

'빨리빨리'가 휘몰아칩니다. 꼭 이런 소리가 들릴 때는 흙을 다 쏟아요. 5분도 안 걸릴 일을 20분 넘게 걸리게 하는 악마의 소리죠. 흙을 쏟아버리면 짜증도 나고, 한숨도 나오고, 체념하게 되죠.

'빨리빨리'가 저에게만 나타나는 망령일까요. 슈퍼마켓에 가도, 병원에 가도, 심지어는 집에서도 아이에게 하루에도 몇 번씩 '빨리빨리'라는 말을 하게 됩니다. 하나라도 더 생산해야 하는 산업화 시대엔 '빨리빨리'가 맞을지도 모르겠어요. 하지만 모든 것이 넘쳐나는 4차 산업 혁명 시대에는 다양한 것을 접목해서 새로운 걸 만들어 내야 하는데, 그게 빨리빨리 해서 될 일인가요.

대학 부속유치원에서 교생 실습을 할 때 교수님들은 '빨리빨리'라는 말을 금하고, '부지런히 하자'라는 말로 대체하라고 지도하셨어요. '빨리빨리'는 '빨리빨리 해'의 줄임말로 상명하복의 관계를 내포하고 있는 명령어입니다. '부지런히 하자'는 한층 더 수평적인 관계가 내포된 권유형의 문장이지요.

저는 '빨리빨리'라는 말을 지우고 '침착하게, 침착하게'를 되새기며 일을 하려고 노력해요. 이렇게 되새기며 업무를 처리하면, 훨씬 많은 양을 정확하게 해낼 수 있어요. 하고 싶은 일을 할 수 있는 시간이 늘어나니 훨씬 더 자유로워지고요.

귀찮아, 나중에 하지 뭐

식물을 키우는 사람이라면 절대 쓰지 말아야 하는 말이 '귀찮아' '나중에 하자'예요. 분명히 식물은 '저는 지금 목이 말라요', '벌레가 있어서 불편해요' 같은 이야기를 어떤 방식으로든 표현하고 있을 거예요. 그런데 귀찮다며 나중에 해도 괜찮겠지 하며 외면하는 거죠. 우린 그런 방식에 익숙해요. 초·중·고등학교 시절 12년 동안 시험공부를 미뤄왔던 경력이 있잖아요.

기억해야 할 것은, '귀찮아, 나중에 하지 뭐'가 세 번쯤 반복되면 식물이 우리 곁을 영원히 떠난다는 겁니다. 식물이 화분에 담겨 우리에게 오는 순간, 이들은 한 번의 큰 희생을 치른 것과 같아요. 땅에서는 무한하고 자유롭게 어떻게든 스스로 살아남았을 아이들인데, 화분에 담기는 순간 영양분, 수분, 햇빛 같은 조건에 대해 우리에게 100% 의존해야 하는 상황이 되는 것이죠.

나중에 해야겠다고 하면서 솜털 같은 깍지벌레를 외면하면 금방 나무 전체를 뒤덮어버리는 그들의 번식력을 확인할 수 있어요. 그럼 잎 하나하나를 알코올 솜으로 닦아 주거나, 약을 뿌려야 하는 독한 방법을 써야 해요. 한 마리 벌레가 보였을 때 손으로 쓱 닦아 주면 될 일인데, 나중에 하면 더 귀찮아집니다. 뿌리 파리도 마찬가지고요.

'귀찮아'는 제가 제일 싫어하는 말이기도 해요. 종일 뒹굴뒹굴하는 아들을 그냥 뒀더니, 자기 전에 그럽니다. "엄마, 왜 이렇게 기분이 안 좋지? 종일 게임을 하고 만화 봤는데 기분이 안 좋아. 왜 그런지 모르겠어." 갸우뚱하는 아들에게 말해 주었죠. "이제 너도 많이 자라서, 몸과 마음과 생각이 하고 싶은 걸 해야 기분이 좋아져. 근데 게임을 하고 만화만 봤으니 골고루 채워지지 않아서 기분이 좋지 않은 거야. 문제집도 풀고 운동도 하고, 영화도 보고 책도 읽어야 기분이 좋아지는데 말이야. 잘 생각해 봐." 고개를 끄덕이며 아들은 말했어요. "그런 거 같다. 엄마, 정말 그런 거 같아."

귀찮은 마음을 물리치면 싱싱한 식물과 신선한 공기가 따라옵니다.

순간을 모면하기 위한 접대성 발언이었을지 모르겠지만, 아들이 그다음 날 문제집부터 찾는 걸 보니 뭔가 생각을 했나 봅니다. 아이는 부모의 거울이라 늘 조마조마해요. 그래도 아이는 제가 믿고 바라보는 만큼 단단하게 마음의 뿌리를 내리고, 자기 몫의 싹을 틔우며 자랄 거라 믿어요. '빨리빨리, 귀찮아, 나중에 하지 뭐' 같은 말은 제 마음에도, 아들의 마음에도 절대 뿌리 내리지 않았으면 좋겠습니다.

33

식물이 키워 내는 아이들

스테이크를 구워 달라는 아들의 말에 로즈메리 한 줄기를 잘라 오라고 부탁했어요. "엄마, 어떤 게 로즈메리야?" "응, 맨 오른쪽 맨 끝 화분이야." "얼마만큼 자르면 돼?" "10cm쯤?" "이만큼? 이만큼? 아으, 근데 엄마, 미안해서 못 자르겠어." "그냥 잘라 와. 버리지 않고 맛있게 먹으면 돼!"

결혼하던 해, 우리 부부는 삭막한 도시 한복판에 살면서 작은 화분에 파 뿌리를 키우기 시작했어요. 누군가가 파는 키워 먹으면 실컷 먹을 수 있다는 조언을 해 줬던 것 같아요. 맞벌이 신혼부부인 우리는 각자 저녁을 먹고 들어오는 날이 많았고, 겨우 주말에만 밥을 해 먹었어요. 주말에 라면을 끓이다 냉동실에 얼려 둔

파가 똑 떨어져 잠깐 멈칫했어요. "어떻게 하지? 파 한쪽 넣어야 맛있는데." 남편이 말했어요. 제가 한쪽 구석에 있던 화분을 가리키며 말했죠. "그럼 저 파 잘라 오자." 가위를 들고 간 남편은 그냥 옵니다. 미안해서 못 먹겠다고요. 그럼 그 일은 제 차지가 되곤 했죠. 하지만 아들은 며느리의 남편이 될 테니, 끝까지 잘라 오라고 시켰어요.

로즈메리 한 토막

저는 로즈메리라는 식물을 스물여덟 살 때 처음 알았는데, 아들은 텃밭 덕분에 벌써 알게 되었어요. 어떤 음식의 재료로 쓰이는지도 정확하게 알고 있고요. 요리에 관심이 많은 아들은 자연스럽게 우리 텃밭에서 기르는 푸성귀의 모양과 용도도 알게 되었습니다. 식물을 자를 때 품는 미안한 마음, 조심스럽게 가져오는 그 손길이 마음을 따뜻하게 합니다. 식물을 키우는 건 자연과 더 친해질 수 있는 좋은 방법이에요.

미세먼지 덕분에 우리 집은 식물로 가득 차 싱그러워졌어요. 아들 방 역시 식물이 많은데 하루는 놀다가 가지 하나를 부러뜨린 아들이 미안해서 어쩔 줄 모르는 거예요. "엄마! 엄마! 내가 손

바닥 같은 이 나무, 가지를 하나 부러뜨렸는데 미안해서 어떻게 하지? 다시 심어 줄 수는 없나? 미안해서 어쩌지." 저는 말했죠. "그 식물은 가지에서 뿌리가 나는 식물이 아니야. 다음부터 조심해야지 뭐." 아들은 부러진 가지를 들고 말했어요. "미안해서 어찌할 줄 모르겠어, 엄마."

한번은 아들이 침대 위에 누우면 얼굴에 나뭇잎이 닿을 만큼 식물을 가득 채워 달라고도 요청했어요. 화분의 위치가 바뀌면 바뀌는 대로, 이발하면 이발하는 대로 다 알아채는 걸 보면 아이도 분명 식물들을 좋아하는 것 같아요. 교육학적으로 말하면, 식물은 관찰력을 키워 주는 좋은 매개체가 됩니다. 또 가족 간의 대화를 늘리는 소재가 되기도 하고요. 저희 가족도 그래요.

아들처럼 쑥쑥 자라고 있는 아레카야자와 필로덴드론.

아이 방에는 꼭 식물을 넣어 주세요

저는 아이 책상 옆으로 아레카야자 3그루와 필로덴드론 1그루를 놓았어요. 모두 1m 정도 되는 키가 큰 식물인데, 바닥 면적으로 치면 책꽂이를 놓을 수 있을 만큼의 공간이에요. 아이는 책상에 앉는 걸 좋아합니다. 아이 말로는 집중이 잘 된대요. 엄마의 시선이 닿지 않는 곳이라 좋은 건지, 식물로 둘러싸인 책상이 정말 좋은 건지는 아직 잘 모르겠지만요.

꼭 식물로 둘러싸인 책상에 앉아 문제집을 펴는 아이. 요즘은 스스로 하는 재미를 조금씩 알아가는 것 같아요. 초등학교 5학년이 되니 스스로 느끼기에도 어른에 더 가까워지는 것 같다며 기분이 좋답니다.

"엄마, 오늘 글짓기를 했어. 열두 줄 썼는데, 글씨도 엄청 예쁘게 썼거든. 선생님께서 '오, 이건 본보기로 삼아도 되겠는걸' 하셨어." "우와! 5학년 되더니 왜 이렇게 점점 더 잘해?" "모르겠네, 점점 더 잘하고 싶은 마음이 생겨." "생각해 보니까, 엄마가 알려 줄 수 있는 건 이제 대부분 다 알려 준 거 같아. 실행하는 건 너니까, 엄마가 해 줄 수 있는 게 없어. 어떤 게 좋은 건지 너도 다 아니까, 네가 결정해야 해." "그런 거야?" "응. 어떻게 하면 좋을지를 계속 생각해 봐. 문제집을 오늘 다 했다고 만족하면 성장이 없겠지. 어젠 30분 만에 했으니까 오늘은 20분 만에 해 봐야지, 해야 발전이 있지. 우린 하고 싶은 게 많으니까 집중해서 할 일을 마무리하고, 다른 하고 싶은 일을 해야 기분이 좋아져. 계속 미루고 시간에 쫓기면 기분이 나빠." "응, 그런 거 같아. 책도 보고, 게임도 하고, 숙제도 하고 그래야 기분이 좋아."

교과서에서도 '질풍노도의 시기'라고 표현하는 사춘기 초입에 들어선 아들. 저는 책상 옆에서 보이는 초록이 아들에게 분명 도움이 될 것이라 확신합니다. 식물을 많이 키우면서부터 생활통지표에 '공감 능력이 뛰어나다'라는 문장이 보이기 시작했거든요. 초록은 알파파를 증가시켜 마음을 차분하게 안정시키고 집중력을 높여 줍니다. 인체에 꼭 필요한 음이온도 많이 방출하니, 아이가 있는 방일수록 식물을 많이 놓아 주세요. 몸과 마음과 생각이 건강해질 거예요.

2018년 3월, SBS 뉴스에서 '녹지가 많은 지역에서 자란 아이가 똑똑해진다'라는 연구 결과를 소개했어요. 스페인과 미국 공동연구팀이 스페인 바르셀로나 지역에 거주하는 초등학생을 대상으로 연구하고 조사한 결과, 어린 시절 녹지에 많이 노출된 아이의 경우 인지기능을 담당하는 뇌의 회백질과 백질의 부피가 커졌다고 합니다. 회백질과 백질의 부피가 커진다는 것은 시각이나 청각, 후각, 촉각 등 각종 감각기관을 통해 들어오는 정보를 이해하고 처리하는 능력이 좋아지고 반대로 주의력 결핍은 감소한다는 뜻이에요.

유아기에 살아 있는 생명체인 녹지와 지속해서 교류할 경우 정신적으로나 심리적으로 안정될 뿐 아니라, 무언가를 발견하고 창조적인 활동을 하고 위험을 감수할 수 있는 능력 또한 크게 발달한다는 겁니다. 이 연구팀은 어린 시기에 자연과 충분히 교류하며 자랄 경우 측정이 가능할 정도로 뚜렷하게 뇌가 발달하고 이후 평생 건강에도 긍정적인 영향을 미친다고 주장했어요.

저 역시 유아교육을 전공한 사람으로서 전인교육의 힘을 믿고 있습니다. 아이가 아직 자라는 과정 중에 있어 이런저런 이야기를 하기는 조심스럽지만, 아들이 식물이 많은 방에서 몸과 마음과 생각이 건강하게 자라고 있다고 믿어요. 혹시 실수하더라도 시행착오를 거치며 스스로 해결하는 방법을 배우고 성장하는 기회로 삼을 수 있을 거예요.

몸과 마음과 생각이 건강한 어른으로 자라면 좋겠어요.

마치면서

식물이 선물해 준 그대로

탈고한 뒤 이상하게 목욕을 하고 싶었어요. 기분이 좋은 것 같으면서도 마냥 좋지만은 않은, 복잡하고 미묘한 감정이 뒤엉켜 일단 몸부터 깨끗이 씻어야 할 것 같았지요. 따뜻한 물에 몸을 담그고, '레이즈미업Raise me up'이라고 이름 붙인 폴더에 저장해 둔 음악을 재생시켰습니다. 음악을 들으며 왜 이런 감정이 드는지를 곰곰이 생각해 봤어요.

막상 글을 작성할 때는 재미있게, 신이 나서 썼어요. '경험을 기록으로 남겨서 공유하자. 그래서 식물이 가득한 공간에서 사람들이 건강한 몸과 마음과 생각으로 살 수 있게 조금이라도 힘을 보태자'라는 마음이 가장 컸지요. 그런데 원고를 마무리 짓고 나니

이 부족한 글을 세상에 내어놓아도 될까 하는 걱정이 들기 시작한 거예요.

저는 식물학 박사가 아니기에, 식물에 관한 모든 것을 알지 못해요. 날로 심각해지는 미세먼지와 싸우며 이를 해결하기 위해 식물 200그루를 키우는 무모한 도전을 했을 뿐입니다. 그리고 '식물로 가득한 공간'이 저와 제 가족에게 가져온 긍정적인 변화를 독자들과 나누고 싶었어요. 늘어가는 식물들 덕분에 실내를 아름답게 연출할 수 있는 플랜테리어를 고심하게 되었고, 매일 새벽에 일어나 경험을 기록하고 글을 쓰는 훈련도 할 수 있었습니다.

첫 책을 내며 겸손하지 못했나, 우쭐했나, 건방졌나 신경이 쓰이고, 작가로서 말과 행동이 과연 일치하였는지 걱정이 됩니다. 세상에 활자로 기록을 남기는 셈인데, 빈 수레처럼 시끄럽기만 한 것은 아닌지 조심스럽습니다. 미세먼지 수치가 높은 날에도 실외에서 일해야 하는 직업을 가지고 있는 분들의 마음을 헤아리지 못했을까 염려됩니다. 공간을 아름답게 연출해야 하는 직업을 가진 탓에, 일터와 삶터를 겸하는 제 공간에서 혹시 불편함을 느끼지는 않을까 우려되기도 하고요.

그저 식물과 함께하는 일상에서 어미로서 자식에게 몸과 마음과 생각이 건강한 환경을 만들어 주고, 나아가 우리 아이들이, 우리나라가 그렇게 되는 이상향을 꿈꾸며 제가 할 수 있는 일에 집중했습니다. 이렇게 사는 사람도 있구나, 하고 너그럽게 읽어 주시면 감사하겠습니다.

저는 잡지사 기자로 출발해 디자이너로 일하면서 어찌 되었건 15년째 회사를 운영하고 있어요. 디자인 협동조합을 설립해 경험치를 쌓았고, 이번에는 작가에 도전합니다. 좋게 말해 도전이지, 사실 누덕누덕 기운 이력서예요.

하지만 이 시대 가장 주목받고 있는 혁신가 팀 페리스Tim Ferriss는 저서 《타이탄의 도구들》에서 '가장 많은 실수를 드러내는 사람이 가장 열심히 노력하는 사람'이라고 말합니다. 실수를 드러내는 것은 자랑스러워할 일이지 부끄러워할 일이 아니라고요. 이 말에서 큰 위안을 얻었습니다.

여러분에게도 이 책이, 200그루의 식물을 키우는 막노동을 두려워하지 않고 노력한 사람의 이야기로 읽혔으면 해요. 비록 책을 쓰는 동안 흰 머리가 눈에 띄게 늘고 머리카락은 빠져 듬성듬성해졌지만, 식물이 제게 선물해 준 몸과 마음과 생각의 건강함이 아주 조금이라도 여러분께 전해진다면 정말 행복할 것 같습니다.

 저와 함께 살며 늘 발맞춰 주는 남편 제영 씨, 특유의 유머 감각으로 글감을 제공하는 아들 준서 군, 사진을 제공해 주신 밀크코리아매거진과 디밤비, 재능을 꺼내 주신 김일아 편집장님, 이혜경 차장님, 글 쓰는 동안 제 몫의 업무까지 맡아 주신 이미란 실장님, 브런치를 추천해 주신 셀린, 지, 문, 제 글을 알아봐 주시고 책으로 출간되게 도와준 출판사 관계자들, 그 외에도 도와주고 응원해 주신 모든 분께 진심으로 감사드립니다.

 마지막으로 글쓰기 트레이닝에 정말 큰 도움이 되었던, 작가를 위한 플랫폼 브런치에 큰 고마움을 느낍니다. 부족하지만 어제보다 쌀 한 톨만큼이라도 나은 사람이 되도록 매일 노력하겠습니다. 기회가 된다면 두 번째 책에서 그 약속의 결실을 보여 드리고 싶어요.

정재경

우리 집이 숲이 된다면

1판 1쇄 발행 2018년 5월 30일
1판 4쇄 발행 2021년 6월 20일

지은이 정재경

발행인 양원석
책임편집 박나미
디자인 어나더페이퍼
영업마케팅 조아라, 신예은, 이지원

펴낸 곳 ㈜알에이치코리아
주소 서울시 금천구 가산디지털2로 53, 20층 (가산동, 한라시그마밸리)
편집문의 02-6443-8865 **도서문의** 02-6443-8800
홈페이지 http://rhk.co.kr **등록** 2004년 1월 15일 제2-3726호

ⓒ정재경, 2018, Printed in Seoul, Korea

ISBN 978-89-255-6376-3 (13590)

※ 이 책은 ㈜알에이치코리아가 저작권자와의 계약에 따라 발행한 것이므로
  본사의 서면 허락 없이는 어떠한 형태나 수단으로도 이 책의 내용을 이용하지 못합니다.
※ 잘못된 책은 구입하신 서점에서 바꾸어 드립니다.
※ 책값은 뒤표지에 있습니다.